高校师资队伍建设发展研究

吴宇飞　胡江陵　路雁桥◎著

吉林出版集团股份有限公司
全国百佳图书出版单位

图书在版编目（CIP）数据

高校师资队伍建设发展研究 / 吴宇飞，胡江陵，路雁桥著．—长春：吉林出版集团股份有限公司，2024.4
ISBN 978-7-5731-4926-8

Ⅰ．①高… Ⅱ．①吴…②胡…③路… Ⅲ．①高等学校－师资队伍建设－研究－中国 Ⅳ．① G645.12

中国国家版本馆CIP数据核字(2024)第096974号

高校师资队伍建设发展研究
GAOXIAO SHIZI DUIWU JIANSHE FAZHAN YANJIU

著　　者	吴宇飞　胡江陵　路雁桥
责任编辑	孙　璐
助理编辑	李　响
装帧设计	金世达
开　　本	787mm×1092mm　1/16
印　　张	11.5
字　　数	215千字
版　　次	2024年4月第1版
印　　次	2024年4月第1次印刷
出　　版	吉林出版集团股份有限公司
发　　行	吉林音像出版社有限责任公司

（吉林省长春市南关区福祉大路5788号）

电　　话	0431-81629679
印　　刷	吉林省信诚印刷有限公司

ISBN 978-7-5731-4926-8　　定　价　49.00元
如发现印装质量问题，影响阅读，请与出版社联系调换。

前　　言

当前，高校师资建设面临着理论、制度和实践层面的诸多挑战，高校教师队伍的现代管理模式应在理论层面进一步明确高校在教师队伍建设中的主体地位，从根本上解决高校教师队伍建设的主体问题。因此，创新高校教师队伍建设与管理模式，充分调动教师的积极性、主动性、创造性，充分发挥教师的主体性作用，建立一支优秀的高校教师队伍，实现教师的全面发展，是高校发展甚至是国家教育战略中的重中之重。

本书结合人本管理理论、人的全面发展理论、教育人才学理论等基础理论，借鉴国内外高校教师队伍建设与管理先进经验与启示，系统地对我国高校教师建设管理的本质、意义和现状进行分析，剖析了我国高校人事管理制度现状及影响因素，对传统人事管理与现代师资管理进行比较分析，并提出了加强高校教师队伍建设管理的实践路径，即遵循高校教师队伍建设管理的基本原则、强化现代师资管理模式的基本内容，倡导建立健全高校教师队伍的管理机制。本书语言简洁精炼，以理论结合实际，为高校教师的管理实践提供了现实标准和可行性操作方案，最大限度发挥高校教师管理效力，推进高校师资队伍建设发展进程。

本书可以为专业从事教育理论研究的相关人员提供参考，还能为从事实务工作的人员提供帮助。本书在编写过程中得到了大量专家与学者的帮助，在此一并表示感谢。由于时间仓促，专业水平有限，书中若存在不妥之处，敬请读者朋友批评指正。

目 录

第一章 绪论 ··· 1
   第一节 教师职业的产生与发展 ·· 1
   第二节 教师的社会定位 ·· 6
   第三节 高校教师的教学能力现状 ··· 12

第二章 高校师资队伍建设概述 ·· 23
   第一节 高校师资队伍建设规划的概念 ····································· 23
   第二节 高校师资队伍建设的理论基础 ····································· 32
   第三节 高校师资队伍建设的实践依据 ····································· 37

第三章 高校师资队伍管理建设 ·· 44
   第一节 高校师资管理的本质 ··· 44
   第二节 高校人力资源管理及配置 ··· 48
   第三节 高校师资队伍建设管理现状分析 ··································· 53

第四章 高校师资队伍专业能力建设 ·· 68
   第一节 教师专业能力发展内涵及特征 ····································· 68
   第二节 教师专业发展的国际比较 ··· 73
   第三节 高校教师专业能力的构成及培养途径 ······························· 79

第五章 高校师资队伍师德建设 ·· 89
   第一节 高校师资队伍师德的建设基础 ····································· 89
   第二节 高校师资队伍师德修养提升策略 ··································· 96

第三节　高校师资队伍师德建设的创新机制与提升路径 …………… 101

第六章　大数据视角下高校师资队伍建设 ……………………………… 111
　　第一节　大数据视角下高校教师队伍的组成与建设 ………………… 111
　　第二节　大数据视角下高校教师队伍的建设面临的困难 …………… 119
　　第三节　大数据视角下高校教师队伍的建设方法 …………………… 124

第七章　高校师资队伍建设的创新发展 ………………………………… 132
　　第一节　改善高校师资结构 …………………………………………… 132
　　第二节　构建新型师生关系 …………………………………………… 140
　　第三节　结构化高校师资队伍创新 …………………………………… 148

第八章　高校青年教师队伍的发展方向 ………………………………… 152
　　第一节　我国高校青年教师发展内容 ………………………………… 152
　　第二节　高校青年教师队伍职业发展现状分析 ……………………… 160
　　第三节　高校青年教师队伍的发展策略 ……………………………… 165

参考文献 ……………………………………………………………………… 174

第一章 绪论

第一节 教师职业的产生与发展

一、教师职业的历史演进

中国最早的教师当属孔子,他也是最伟大的教师,三千弟子,七十二圣贤,用"桃李满天下"来形容一点也不为过。据历史专家考证,早在汉代时期,教师开始与"天地君亲"并称,成为祭祀的对象。在宋代,程朱理学开始盛行,人们对教师尊敬如父无异,"程门立雪"的故事就广为流传。在明朝,民间崇拜"天地君亲师"的现象已经非常普遍。清朝时期确定"天地君亲师"的次序,其中,特别突出了"师"的地位和作用。1912年,"天地君亲师"又衍变出"天地国亲师"和"天地圣亲师"两种形式。但不管怎么说,教师始终排在第五位。在古代,人们对教师有一种文雅的称呼,叫"先生"。教书先生,往往就是文化人的象征。孩子上私塾,先是拜孔子,接着拜先生。

随着社会发展的需求,家长和学生越来越重视学业的成功和学习的进步,因此对教育的重视和对教师的尊重也得到了空前提升。种种迹象表明,教师的地位有了改善,教师身上的光环再次降临,教师这一职业再次受到了社会的广泛关注。

二、教师职业的工作特点

教师劳动是一种传播文化知识、教育一代新人的社会实践活动,或者说是一种教书育人的实践活动。与其他类型职业劳动相比,教师的工作具有六个方面的突出特点。

（一）目的的双重性

教师的劳动是一种教育劳动，是人类社会中的一种特殊的生产劳动。教育劳动的目的主要是按照一定的社会要求，有目的、有计划、有组织地对受教育者传授知识、开发智能和培养思想品德，从而把他们培养成为社会所需要的人才。在这一过程中，教师劳动的目的是双重的，既要对受教育者传授知识和技术，培养他们运用知识和技术解决实际问题的能力；又要向他们传授社会思想道德，树立正确的世界观和人生观，使受教育者既具有渊博的知识、精湛的技能，又具有深邃的思想和高尚的道德。我国是社会主义国家，因此教师的教育劳动必须坚持社会主义方向，必须是为国家培养一批又一批具有社会主义觉悟，德、智、体、美、劳全面发展的社会主义新人。这是每个教师应尽的社会责任和义务。

（二）对象的多样性

教师教育劳动的对象是正在成长中的有思想、有感情、有理想的人。不同年龄、性别的学生在个性心理方面有着明显的差异，同时由于各种主客观因素的影响，他们在思想、情感、能力、性格、爱好等方面也各有差异。这种主客观因素既有来自学生家庭方面的，也有来自社会的政治、经济、文化、道德、风俗等方面的，形成了教育对象身上的许多不确定因素。面对这种复杂的教育对象，教师必须充分利用和发挥自己的聪明才智，在了解学生的基础上，利用一切积极因素和条件，对学生进行综合的教育。

高等教育教师的劳动对象是更为特殊的一代青年，他们具有区别于一般青年的一些特点，文化知识层次较高、独立自主意识较强、有强烈的求知欲望，但是社会实践经验比较缺乏，因此在人生观和世界观正在确立过程中，有较大的可塑性。此外，由于受到自身家庭和社会各方面主客观因素的影响，每一个学生还具有许多不同的特点。作为教师，除了对学生的尊重和热爱外，还要更深入了解每一个学生，针对学生的不同个性、特点，扬长避短，进行有针对性的教育和培养。

（三）手段的示范性

教师在教育劳动过程中使用的劳动手段不是物质工具，而是教师自身所具有的素质，包括教师自身的思想政治素质、道德品质、科学文化知识和才能，以及传授知识的本领与技巧。在教师的劳动中，人的因素和物的因素是融为一体并且不可分割的，可以说教师本人就是最主要的劳动手段。这就决定了教师要用自己的言行作出榜样和示范，不仅要用自己的学识，更重要的是要用自己的品格去教人，必须以身为教，为人师表。教师在教学过程中，虽然需要有一定的教材、教具、实验仪器设备等物质手段，但是，它不是主要的劳动手段，它仅仅起着辅助作用。教师劳动的主要手段是教师本身的素质，它直接决定着"劳动产品"的质量。教育劳动是教师将人类长期积累的知识成果，通过自己的理解、消化，以高超的技巧和本领传授给学生，并以自身正确的政治思想和优良的道德品质去感染学生。

（四）过程的重复性

第一，体现在劳动过程上的传递性和双向性。教育劳动过程实际上是教师和学生的双向活动过程，教师将知识技能和思想品德通过自己的劳动传递给学生，学生经过接受、转换和内化等过程，将教师传授的知识变为自己的知识，并通过自身的锻炼和学习，形成高尚的人格。与此同时，教师也在教学与研究的过程中，不断得到自我的充实和发展，所谓的教学相长讲的就是这个道理。因此，教育劳动过程是师生双方一个非常复杂而又特殊的互动过程，它不仅需要师生双方都要端正劳动态度，而且还要研究、探索和掌握正确的劳动方法。

第二，体现在劳动内容上的重复性和连续性。由于学生自身的特殊性和成长的连续性，无论是知识的传授还是品德的培养，都不是一蹴而就的，教师必须经常反复地教育学生，做到不厌其烦，诲人不倦。同时，由于专业与课程的稳定性，教师在培养一批又一批学生的劳动过程中，对每一批学生的教育和培养也是一个不断往复递进的过程。据史料记载："一年之计，莫如树谷；十年之计，莫如树木；终身之计，莫如树人。"这说明教师对学生培养的劳动过程是长期的、反复的、艰辛的。

（五）内容的丰富性

教师职业劳动的内容除了自己所承担的课程的教学内容，还包括对学生智力的开发、情感的熏陶、个性的塑造、品德的培养、行为的训练等。同时还要时刻结合社会发展的实际，有针对性地为推动和发展社会生产力服务。

（六）效果的迟效性

教师职业劳动结果的体现是培养掌握了一定科学文化知识和形成了一定思想品德的人。同时它不是以物化的形式表现出来，而是作为一种潜在的能力，以知识品德的形式存在于学生身上。学生身上拥有的知识、能力和品德构成了这种"产品"的质量标准，决定了教师劳动成果的质量效应，但教师劳动"产品"质量的好坏不是一时就可以看出来的，需要接受长期实践的检验。

三、现代教师素质

（一）知识经济和教师素质

21世纪是以知识的创新和应用为主要特征的知识经济时代，科学技术迅猛发展，国际竞争日趋激烈，国力的强弱越来越取决于劳动者的素质。社会的信息化、经济的全球化使创新精神和实践能力成为影响整个民族生存状况的基本因素。因此，21世纪将是教育和学习起核心作用的时代。知识经济体现的是知识与经济的相互渗透、相互促进、相互交融、相互包含的过程。知识经济时代主要有几个基本特点。

1. 学习是知识经济时代的主旋律

新知识的不断涌现，或者说信息的激增，尤其是全球数字化网络体系的形成，使人类真正处于知识的海洋之中。及时掌握新知识，合理运用新知识以及不断发展新知识，是当前知识经济时代对社会和个体提出的要求。因此，无论是国家发展，还是个体发展，都必须不断地学习以应对知识经济时代的要求。

2. 创新是知识经济时代的灵魂

增强自主创新能力是确保国家在知识经济时代激烈的国际竞争中占据主动的关键所在。创新不仅是国家发展的要求，也是个体发展的要求。创新精神和创新能力是知识经济时代个体的基本素质之一。因此，人们不仅需要不断地学习新知识、核心技术，同时也要勇于实践、勇于尝试和勇于探索，在运用知识创造价值的同时，也创造出更多的知识。

3. 人才是知识经济时代的主导力量

人不仅是知识的创造主体，也是知识创造的目的，同时还是知识运行的载体。因此，知识经济在本质上是以人为中心的。在知识经济时代，人才的概念是宽泛扩展的。在现代社会中，随着基本教育的实施和普及程度的提高以及学习渠道的多元化和通畅性，社会中每个人都有成为人才的可能性，即掌握更多的知识、拥有更多的技能和参与更多的实践，在获得个体发展的同时，推动社会的发展和促进人类的进步。因此，知识经济时代的竞争，本质上就是人才的竞争。这种以知识为特征的经济形态，不仅改变了经济发展性质，而且日益影响着社会生活的各个领域，同时它也对广大教师提出了新的要求。

面对知识经济时代的要求，劳动者素质的提高和合格人才的培养越来越重要，而劳动者素质的提高和合格人才的培养又依赖于教育。因此，谁掌握了21世纪的教育，谁就在未来世界竞争中占据了主动地位。在教育发展的诸多因素中影响学校教育质量高低的关键也是教师。百年大计教育为本，教育大计教师为本。因此，教师素质关系到国家民族的未来，甚至是人类社会的发展前途。

（二）教师素质的重要性

1. 教师素质是优质教育的基础

教师的劳动对象是具有主动性的人，教师的教育影响能否产生实际的教育价值，教育能否实现其教育目的，首先要看其教育能否引起学生积极的反应，形成自觉的、有目的的活动。只有德才兼备的教师，才能赢得学生的敬重和信任，才能在学生中享有威信，学生才乐意接受他的教育。同样的教育内容和要求，出自不同教师之口，学生会以不同的态度对待，所获得的教育效果也大不相同。

教师素质是学生接受教育的基础和前提，如崇高的思想品德、优秀的心理素质、渊博的学识、高超的业务能力，对学生始终如一的关心和爱护、庄重的仪表和举止等。

2. 教师素质具有巨大的教育影响力

在教育活动中，除课程及其教材是教育内容的源泉之外，教师的人格及其言行也是重要的教育影响或教育手段。这种影响在塑造青少年的灵魂上是其他方面的影响所难以比拟的，是任何其他教育手段替代不了的。教育影响力，是一种"无声胜有声"的教育，特别是在对学生进行政治思想道德教育过程中，教育的"身教"更为重要。

有好品格的教师通过自己的行为，能够将进取精神、务实作风、诚实品质传授给学生。教师成为学生道德上的指路人，并不在于他时时刻刻都在给人讲道理，而在于他对人的态度，能为人作表率，在于他有高度的道德水平。谁能唤起学生做人的尊严感、能启发他们去思考活在世界上是为了什么，谁就能在他们心灵中留下最深刻的痕迹。

教育效果不仅取决于教师的学识能力，也取决于其道德面貌、意志、情感等方面的品德。教师自身的提高和发展，正是所谓教育活动中教师工作的"工欲善其事，必先利其器"之所在。

3. 教师素质具有独特的社会职能

教师的身份，使教师的一举一动在整个社会中都起着示范作用。教师的思想品德、举止行为，不仅体现着教师本人的精神面貌，还直接影响着学生的精神状态，并通过学生向社会辐射和扩散，对社会风尚、精神文明建设都起着不可忽视的作用。

第二节　教师的社会定位

一、教师的定位

（一）教师的自身定位

教师是教育理论的创造者和验证者。每所学校都有各自的特点，在办学过程中都会产生各自的问题。每个教师面对的是不同的班级，不同的学生和不同的教学内容，在施教过程中会产生各不相同的问题，所以教师是学校教育、教学问题研究的主体。教师在教育实践中获得了大量珍贵的资料和经验，从资料中分析、在经验中反思。所以，教师可能成为教育理论的创造者和验证者。

教师是教育成果的享受者与开拓者。教师的知识和学生的知识不是一桶水和一杯水的关系，教师的知识应该是一条流动着的溪，是一口喷涌而出的甘泉。教师只有不断更新知识、丰富知识、扩宽视野、增加内存，才能适应教育改革的要求和自身精神生活的需要。这就要求教师要学好心理学、教育学，掌握学生身心发展的规律和特点，做学生心理健康的保健医生。懂得营养卫生知识，以及学生常见病的预防与治疗知识，在学生的生活中给予全面的关心和照顾，促使学生身心健康发展，所以，教师是教育成果的享受者。

教师是传播爱心的使者。有人说："如果一个教师把热爱教育和热爱学生结合起来，他就是一个完美的教师。"爱是打开心扉的钥匙，但热爱学生并不是一件容易的事，让学生体会到教师对他们的爱更困难。教师应当把他的爱无私地奉献给全体学生。一个教师只有对自己的学生充满无私的爱，才能激发出做好工作的高度责任感，才能坚定不移地辛勤耕耘，才能去关心学生的成长，才能去教书育人，才能尊重学生的人格、引导学生成才。学生只有切实地感到教师是在诚心诚意地爱护自己，关心自己，帮助自己，才会对你产生欢迎的倾向，喜欢接近你，并心悦诚服地接受你的教育和指导。反之，如果他们没有感觉到你有爱学生之心，他们就会在情感上对你采取冷漠、猜疑、反感甚至抵触的消极态度，那样的话，无论你怎样苦口婆心，他们也不会接受。所以具有爱心，是教师取得教育成果的极为重要的前提，对学生爱之愈深，教育效果愈好。

教师是学生心灵的朋友。传统的教育中，教师是组织者、领导者、传授者，师生之间不平等，知识由教师单向传输给学生。在现代教学和研究性学习中，师生是互动的，在学术上，老师的优势是有限的，教师的角色应该是学生学习活动的组织者、管理者、参与者、协作者。若想教育好学生，教师应该做学生的知心朋友。教师应该放下架子，深入到学生中，参加学生的活动，和学生多交流，了解学生的家庭状况和心理特征，并做好家访工作，根据每个学生的不同性格特征以及家庭情况进行谈心和教育。做到相信学生、尊重学生，把学生真正当成学习的主体。只有教师把学生当作知心朋友，教师只有自觉地去营造一种民主、宽松、开放、自由和包容的创造性环境，才能给学生的教育带来良好的效果。

教师是学生人生航船的导航者，青年学生正是世界观、人生观和价值观的形成时期，若不正确引导，就会迷失方向。教师是塑造人类灵魂的工程师，应具有十分强烈的责任意识，要真正在培养学生高尚情操、塑造学生美好心灵等方面下功夫。教师应对学生身心健康发展具有高度责任感。这就要求教师在学校活动中帮助他们克服自身弱点，在家长配合下，养成良好的行为习惯。在互联网时代，教师要带领学生走上信息"高速公路"，去领略网络世界的"风景"，但若缺乏引导，可能带来灾难。这就需要多方面、长时期的严格要求、严格训练和严格管理，由浅入深、由易到难、循序渐进，只有这样，才能收到良好的教育效果。

教师是学生行为的楷模。教师肩负着教书育人的重任，所以只有品德高尚、知识渊博的人，才能作为人师，所谓"以德育人"。教师不仅是知识的传授者，还是思想教育者和道德示范者。孔子说："其身正，不令则从；其身不正，虽令不从。"我国汉代哲学家说："师者，人之模范也。"教师不仅要有这种做人的威望，人格的力量，令学生所敬佩，还要以最佳的思想境界、精神状态和行为表现，积极地影响和教育学生，使他们健康成长。教师应把言传和身教完美地结合起来，以身作则，行为示范；热爱学生，关心学生，建立平等的师生关系；仪表端庄、举止文雅，以自己的言行和人格魅力来影响学生。

教师的人格力量来自于教学水平和道德情操的完美统一，在知识、语言、行为上成为学生学习的榜样，在任何情况下都不能做有损于人民教师形象的事情。

（二）教师的社会地位

目前，随着时代的进步、社会的发展和国家的重视，社会上对教师职业的肯定日益提高。中国科协科普部部长认为，教师"教书育人，为人师表"，这是千百年来留下来的古训；教师是人类科学文化知识的传播者，是教育工作的组织者和实施者，这是社会对教师的肯定；教师肩负着传道、授业、解惑的重任，教师是人类灵魂的工程师，教师是园丁，这是党和政府对教师的评价。教师在传播科学文化知识和促进精神文明建设、发展党的教育事业、贯彻党的教育方针、保证学校教育教学正确的政治方向、培养社会主义建设事业的合格接班人等方面，都有着其他任何群体无法替代的作用。而能否正确认识教师职业的地位和作用是直接关系到科教兴国战略能否落到实处，和现代化建设事业成败的大问题。随着国家和社会对教师职业的重视，教师工作的积极性空前提高，社会对教师职业的评价也越来越高,这在客观上提高了教师职业的美誉度和知名度,使教师这一职业越来越受到更多人的青睐。

我们要继续发扬中华民族尊师重教的优良传统,不断提高教师的地位和生活待遇,把广大教师的积极性、主动性、创造性更好地发挥出来。各级政府都要真正关心和支持教育工作,积极改善教师的工作和生活条件。要大力宣传教育战线的先进事迹,营造良好的舆论氛围,让尊师重教蔚然成风,让教师成为全社会最受人尊敬、最值得羡慕的职业,使教师能更有热情地投入到教育教学当中去。

二、教师的社会角色

（一）传统教师的社会角色

社会角色是个体在特定的社会关系中的身份以及由此而规定的行为规范和行为模式的总和。教师是一个集教育、管理、服务等多重角色于一身的人。

1. 知识传授者

教师在对人类长期社会实践所获得的知识、经验、技能进行加工整理的基础上,再传授给学生,帮助他们在较短的时间内掌握人类几百年、几千年积累的知识,以形成他们自己的知识结构和技能。当他们感到困惑时,启发他们的智慧,排除他们的心理障碍,使他们由知之不多到知之较多,由不成熟到成熟。把科学知识、技能传递给学生,帮助他们解除困惑,启发他们进行思考,使之形成合理的知识结构,是教师的主要任务。

2. 道德传播者

教师除了传授知识,还具有传递正确的道德观、价值观念的使命。。"学高为师,德高为范",教师不但要有广博的学识,还要有良好的道德品质。教师自身要有崇高的精神境界,严谨的治学态度,正派的生活作风,对学生起到良好的引导和示范作用。教师具有正确的道德观、价值观可以引导年轻一代,帮助他们辨别是非,学会判断和选择,促使他们的道德观、价值观发展和成熟。因此,教师不仅仅要教会学生学会求知,还要教他们学会做事、学会做人、学会共处,做学生成人、成才的顾问和导师。

3. 管理者

教师的教学一般都是以班级为单位,通过课堂或课外的教学活动来实现的。科学、良好的教学管理是保证教学顺利完成的重要条件。因此,教师还要做学生团体的领导者和课堂纪律的管理者和维护者。教师的管理分为对教学和对学生的管理两方面。教师对教学的管理包括:确定目标、制定并贯彻教学管理规章制度、组织教学、对教育教学活动进行控制、检查和评价。对学生的管理包括：建立班集体、维持班集体纪律、组织班集体活动、做好学生思想工作等。

对职业学校的教师而言，管理的重要性更加突出。因为职业教育除了传统的讲授式教学外，动手操作、观察学习、自学、讨论、交流、总结、考察和研究等活动性、实践性教学成分大量增加，使教学过程中的管理因素大大增加，教师不仅是知识传授者，更是集体活动的设计者、管理者、组织者和协调者。当今的职业教育对教师的组织管理水平提出了更高的要求。

4. 家长的代理人

学生在学校一般都把教师当成自己的另一个"父母"来看待，他们尊重、信任和依赖教师。这就要求教师扮演一个家长代理人的角色，像父母对待孩子一样，仁慈、温和、耐心和亲切地对待学生，并无条件地关心每一个学生的成长。

（二）当代教师的社会角色

当代职业教师的社会角色是基于社会对教师职业的期望和要求而设定的，同时也能从中反映出教师应当承担的责任和义务。随着社会期望的多样化及现代教育技术的发展，教育在教学方式、方法和内容发生了革命性变化，教师角色的内涵也日益丰富。

1. 研究者

教师成为研究者的理想由来已久，早在1926年，国外学者就提出了这样的思想："教师有研究的机会，如果抓住这种机会，不仅可以有力而迅速地发展教学技术，而且还可赋予教师的个人工作以及生命力尊严。"后来，这一思想为英国课程论专家所继承，他明确提出了"教师成为研究者"的理念，而且通过实施具体的设计，使这一理念转化为一个激奋人心的现实运动。

其实，教师参与教学研究不但是可能的，而且是必须的。教育研究是一项以实践为起点，并以改进教学实践为归宿的研究活动，教师参与有其得天独厚的优势。教学第一线的教师置身于现实的教育情境，而教室、课堂正是探索和验证教育理论的最理想的实验室。教师具有最好的研究机会和最佳的研究位置，是其他职业无法替代的。

近年来在教育界兴起的"行动研究法""反思型教学"等思潮都引导教师参与教育研究，在教学实践中反思，把行动和研究结合起来，成为改进教育实践的重要措施。该思潮为教师开展教育研究提供了理论方法上的强大支持，对促使教师从"教书匠"向"研究者"的转变有着重要意义。

2.课程的设计者和开发者

随着计算机和网络的普及以及多媒体等现代教育技术的发展,传统的课堂教学形式也发生了巨大的变化。为此,教师不但要熟练掌握计算机和网络的操作,还应该具备课程设计和开发的能力。教师要以构建社会主义理论为指导,以多媒体技术为基础,主动参与课程的改革和设计,制定最佳的教学策略和信息组织形式,改革课程结构,重组课程传递方式,更科学、更高效、更全面地把知识传递给学生。

3.创新者

随着科技的飞速发展,知识的不断更新,教师也应该及时更新教育观念和手段,适应时代要求。这就要求教师充当创新者的角色,具有高度的创造意识和创新能力,从实际出发,创造性地开展教育教学工作。此外,只有具有创新思维的教师才能培养出具有创造才能的人才。教师要具备创新责任感,除了在自己的教学工作中开拓创新,还要注意培养学生建立"怀疑"与"批判"观念,帮助学生形成批判精神和创新意识。

4.引导者

在新的信息技术环境下,教师不再以传递信息和呈现组织良好的知识体系为主要职能,而是应该把帮助学生排除学习障碍、建立适当的学习目标、形成正确的学习态度、掌握良好的学习方法作为教学的主要任务。教师不再是"知识供应商",而是要帮助学生提高对知识的驾驭能力,对纷繁的知识作出比较、选择、分类和组织,促进学生对知识的掌握和运用。教师对学生获取知识过程的关心要甚于对掌握知识结果的关心,对学生获取知识方法的关心要甚于对知识掌握多少的关心,真正担当起学习的促进者和引导者的角色。

作为职业教师,引导者的作用还体现在教师要适时组织各种社会实践活动,引导学生深入生活,深入实践,开阔眼界,提高动手能力,理论联系实际,增强课堂教学的实践性。

5.学习者

科学技术飞速发展,知识加速老化又加速更新。据统计分析,自从人类第一本科学杂志问世以来,新的科学刊物及发表的文章以平均每年3%的速度持续增长,目前已达到40000多种,全世界仅每天发表的各种文献就有20000多篇。

可见,一次性教育无法满足人们一生的需要。传统的知识储备型教师已经很难适应新的教育发展形势,因此必须向知识开放型教师转变,而实现这种转变的有效途径便是终身学习。教师不但是知识传播者,同时还必须做学习者,不断学习,不断更新教育观念和手段,完善知识结构。把自己原来通过职前教育获得的封闭、陈旧的知识储备及时吐故纳新,不断加深内涵,拓宽外延,对已有的知识不断调整、充实、深化、更新和提高,跟上信息时代教育发展的步伐，以便在教育实践中能够游刃有余，得心应手。

三、优秀教师的标准要求

（一）学生学习的促进者

著名教育家曾经说过："教师必须是促进学生自主学习的促进者，而不是传统的只注重'教'的教师。"优秀教师不仅要善于教学生知识和技能，更为关键的是要教会学生学习知识和技能的能力，在教学中形成自己的教学风格，用自己的教学方法感染学生，示范给学生，逐步培养学生的学习能力。

（二）学生灵魂的塑造者

教育是一个灵魂唤醒一个灵魂、一个灵魂塑造一个灵魂的伟大事业。教师是塑造人类灵魂的工程师，优秀的教师不仅要关心学生的学习情况，还要注重学生品行的陶冶。为人师表，教师要有高尚的人格，以德服人，用智慧和品德感染学生。积极地深入生活，发现美、追寻美、创造美，并把美引入课堂、引入学生的心灵，塑造出学生高尚的灵魂。

（三）学生人生的导航者

教师不仅是课堂教学的设计者和"导演"，教师更是学生美好人生的导航者。教育虽然具有迟效性，很多教育的价值不易在短时间内被认可和接受，但作为优秀教师一定要坚持自己的教育理念，要为学生长远的发展着想，善于引导学生活出有激情的生命，展现出青春的活力。教师要对教师这份职业充满激情，在教学过程中适时进行"点拨"和"总结"，将生命教育、人生教育渗透到教育教学的各个环节，教育学生珍视生命，自觉树立正确的人生观、价值观。

（四）智慧的管理者

在教师日常的教育管理中，我们通常只是把事情处理完为目的，却很少去追溯事情的根源，很少去深入分析事情的本质。因此，要想做一个聪明的教师、一个智慧的管理者，就需要改变我们的思维方式，改"灭火"为"防火"，改"教育"为"激励"，这样才能营造出和谐、高效的氛围，才能充分激发学生的学习潜能。

某著名教育家认为："教育应该是快乐的，教育的目的是让孩子成为一个快乐的人，教育的手段和方法也应该是快乐的。"那么，在快乐教育中，教师作为教育者首先必须是快乐的。一个快乐的人在观察孩子时，更多的是看到他的优点，而一个不快乐的人更多的是看到孩子的缺点。要成为一名优秀的教师，首先就要发自内心去做一名教师，把成为优秀教师作为理想，要热爱教育、热爱教师工作，对此有足够的热情和兴趣。只有内心想做一名优秀的教师，才能激发出教师更大的潜力。

第三节　高校教师的教学能力现状

一、高校教师

（一）高校教师的概念

有别于中小学教师，我们对高校教师的认定广泛地认为是在高校（包括高等专科院校）中从事高等教育教学及相关工作岗位的人。从广义的视角看，像教学人员、行政管理人员、辅导员、相关服务人员都属于高校教师的范畴。从狭义的视角看，高校教师则是专指在高校（包括高等专科院校）中从事教学任务的教师。这样的专业教师能够从专业领域对学生进行专项培训，使其具备在其所选专业领域从事相关岗位任务的能力。与此同时，狭义的高校教师除了传授专业知识之外，还应具备专业研究的能力。就教学能力的专题研究的需要，我们这里所采纳的是关于高校教师的狭义解释。

（二）高校教师的特点

根据学科的分类，不同专业的高校教师具有不同学科的知识和研究能力，成为推动学科不断发展的学科专家和将学科知识传道授业的教育专家。

不同于中、小学教师，高校教师以培养社会进步所需要的专业人才为教学目标，面对大学生集中教授专业性知识，并借助更多的企业组织者、参与者和合作者来完成教学过程。

二、教学能力

（一）教学能力的概念

教学能力，是隶属于能力的一个子概念。能力因为范畴的界定、本质和特性的不同而成为不同的能力。沿用心理学的能力分析方法，教学能力就是一种教师具备的能够促进学生发展，按要求完成教学实践活动的理论、实践、素质等综合能力。

受到教学思想、教育理念、学习体系的影响，目前对教学能力的认识和理解存在一定的差异，尚未达成共识。比如，在相关词典中认为："教学能力是为了实现教学的目标，教师组织和实施教学活动的过程中所表现出来的能力，主要包括教学内容讲解的能力、课程开拓的能力、不同教学方法掌握和实施的能力、课堂上对学生参与学习和实践的组织能力等。"在该观点中，对于教学能力的理解主要强调教学能力是以课堂教学为主的所有教学活动中教师所表现出来的思维、行为、情感等综合素质。其次，在相关书籍中认为：教学能力是为了实现教学的目标，教师从事教学活动的过程中所表现出来的心理特征，主要指一般能力和特殊能力。其中，一般能力指的是教师作为教学活动的主导者，应该表现出对学生的基本能力和心理特点的理解；特殊能力指的是教师作为知识的传授者，应该表现出用语言传达所学专业的知识体系的能力和对教学活动的组织和实施能力。除了上述两个认可度比较广泛的观点外，还有部分学者认为好的教学活动应该具备艺术性和科学性，一个好的教师应该具备对教学目标、教学任务、教学方法等教学因素的认知能力，教学活动的设计、管理和监控能力，对教学资源和专业技能的操作能力。教师所具备的教学能力就是将知识和技能的传承转变为教学活动、解决教学问题的能力。

综上所述，高校教师的教学能力主要是以教学活动为中心进行扩散和展开。高校教师应该为了实现教学目标而有效地开展一系列有序的教学活动。在不同的时代和不断的变革中，教师的教学能力就是教师根据教学的需要而适时采用适当的教学方法，设计和实施合理化的教学活动，并有能力对教学全过程实施监控和管理。在完成教学任务的过程中，教学能力还应包括为了实现教学目标和完成教学活动的需要而注重自身知识的积累和技能的提升，能够实现自我发展。

（二）教学能力的特点

与中小学教师一样，高校教师的教学能力体现的是其能够在教学活动中表现出来的，具有个人特点的综合素质能力。这一能力是影响整个教学活动效果好坏的关键因素。但是，与中小学教师不同的是，高校教师为了更好地完成教学工作，必须掌握和发挥影响教学活动的各种能力和综合素质。教学能力是其中最为关键的能力之一。因为高等教育自身在人才培养的目标、对象、途径等方面具有与其他教学层次截然不同的特点，所以作为高等教育工作主体的高校教师，其所具备的教学能力在具体的工作范畴、选择的工作方式等方面也必然呈现出与众不同的特点。

1. 复杂性

由于在教学工作中受到教师、学生、教学条件、教学准备情况等多方面因素的影响，教学活动不再是一个单纯的授课环节。在教师站上讲台开始授课之前，教学活动已经早早开始了。当然，因为受到许多因素的限制，教学成果也不可能是由一个学生的一次考试成绩来判定的。教学活动自然也不会因学生学习活动结束而终止。由此可见，教学活动天然所具备的复杂性，贯穿教学的全过程。由此可见教师也应具备高水平的经过专业训练的处理教学过程全部任务的教学能力。当然，这个教学能力也是复杂的。

2. 实践性

高校教师，不同于一般的中小学教师，多数为专业出身，而非师范院校毕业。这样的情况虽然决定了在教学方法、与学生的沟通、了解学生的心理特征等方面并不专业，但是就高等教育人才培养的目标和特点的需要，高校教师在自身所在的学术领域中的专业研究水平的高低才是评价高校教师的教学能力的关键因素，也是教学活动的基础。如何培养高校教师在专业领域的教学能力，其前提就是要经过无数次的专业教学实践，不同的教学环境、教学目标、教学客体等，才能形成不同的教学体验，进而培养不同的教学能力。高校教师应该通过不断的教学实践，采用多种教学方法灵活地应对不同的教学条件和教学对象的需要，逐渐形成将知识和技能实现转化的教学能力。

3. 多学科交叉性

考虑到高等教育有专门为某个行业提供人才培养服务的特殊性，其教学体系必然要求其专业的设置、人才培养目标、课程体系等要以学科发展为基准。学科发展则是受社会需求和学科发展规律之间的交叉作用而逐渐形成的。由此可见，一个学科的发展离不开与之相关的多个行业、多门学科的发展与支撑。

在这个变化过程中，高校教师应时刻关注多学科的发展与社会的变化，并将所传授知识进行有效分解、与相关学科知识和技能进行整合创新，形成与时俱进的教学内容。作为高校教师，除了具备讲授知识的能力之外，还应掌握将知识交叉融合的创新能力。

4. 创新性

高校的核心工作是为社会发展培养符合行业要求的人才，虽然，教学是人才培养的主要方式。但是，培养人才的方式却不具备唯一性。俗话说，实践是最好的老师。通过参与社会服务活动、协助教师完成科研活动等方式，高校也可以培养出让企业满意的人才。大数据时代，科学计划的发展可谓日新月异，社会对待人才的需求越发多元化和自由化。高等教育在大众化发展的过程中，各类高校也根据其发展目标和科学优势进行了分级分化。目前，本科教育层次的高校分为研究型、研究教学型、教学研究型和教学型四类；专科教育层次的高校呈现集中于高素质技能型人才培养的趋势。不管是何种类型的高等教育机构，都在根据各自的特点培养着全社会不同行业不同需求的人才。但是，正因为不同的高等教育机构有着不同的优势和特点，其教学模式就不尽相同，有的突出课堂讲授的方式，有的突出技能示范的作用，有的提倡研究和创新。在不同的教学模式中，教师所发挥的作用和所需要的技能也不尽相同。在高等教育通过多年的普及，已经基本形成了大众化教育的局面下，高校也逐渐分化，形成各自独特的发展模式。这种分化模式符合现代化人才培养的要求，实现了人才分层分类培养、因材施教、人尽其用的目标。

在现实的教学中，尽管高校类型做出了分类，其教学方法和对教师考核的标准却没有分类。在教师教学过程中，大多数高校还是强调传统的课堂教学；在教师考核过程中，大多数高校还是重视对其科研能力进行量化评比与考核，弱化了对其教学能力的要求。这样的情况严重影响了高校教学质量的提高、高校的长远发展。国家强调高校培养人才的质量，强调育人在高校工作中的重要性，强调教学改革在育人过程中的核心地位。在大数据时代，在高校不断创新发展的过程中，高校教师也应综合多种教学模式的优势，创新教学方法，以达到高校教育教学的新需求。

5. 多元性

高校教育是对具有一定思维能力、辨别能力、转换能力的18岁以上的成人开展的教育。这样的教育对象来自祖国大江南北、五湖四海，其基础知识的掌握情况、对世界的认知方式、成长经历和民族特点等均不尽相同，具有明显的多元性特点。因此，高校教师应该积极面对学生的多元性的特点，尽量采用适合的与之相适应的多元化的教学方式来培养不同类型和层次的学生。在实际教学中，高校教师以更加亲切的姿态，对学生表现出赞美和激励，使其从内在产生主动求知的欲望。这时，高校教师主要表现出来的作用是对学生的引导、辅助和支持。

6. 发展性

与此同时，教育环境也处于不断地变化中，相应地对教育需求也提出了更高的要求。从事教育活动的教师为适应时刻改变的教学环境和满足日渐严格的教学要求，必须将自身的教学能力始终处在动态的发展过程中，表现为一种发展的特性。

（三）教学能力结构

高校教学工作内容所涉及的能力就是高校教师的教学能力，包括对专业知识的认知、对专业技术的操作、对教学活动的监管控制和对学生学习的指导等方面。因此，教学能力结构应包括：

1. 认知程度

所谓的认知程度指的是从事高校教学工作的教师对教学任务、教学目标、教学用书等方面的理解和认知的程度，对教学对象特点的了解和分析的程度。教师对教学活动的相关信息收集、了解得越多，对专业知识研究得越深，其认知程度就越高。教师认知程度外在表现为在教学过程中对所讲授知识的分析和理解、对教材的选择和解读、对学生学情的了解和分析的情况，并据此选择适合的教学方法和设计适合的教学内容以达到教学的目的。高校教师的教学任务就是要让任何水平和能力的学生能够对专业知识得到相应的吸收，并令其学以致用、一技傍身，实现教师自身的有效的教学传授。

2. 操作水平

所谓的操作水平是指从事高校教学工作的教师自身的专业知识、专业素质和解决问题的能力。高校教师最根本的工作内容就是对学生的教育教学活动，即在教学活动中能够及时发现学生的教学需要和存在的问题，并能够运用专业实践的能力解决学生的问题。教师的操作水平具体涉及教师在教学过程中对于知识的讲解和表达能力、对所传授知识的讲授方式和软硬件应用能力、对教学对象的教学积极性的调节和促进能力。

高校教师在教学活动中既需要语言的表达，又需要非语言的沟通。教师操作水平的高低根本上来自教师本身对所讲授知识的掌握和理解程度，教师知道得越多，对学生的讲解和传授就越发明白。在大数据时代的教学活动中，高校教师利用软硬件技术辅助教学过程，以达到提升学生对知识的理解能力和对信息的记忆能力的目的。多媒体教学课件的设计、互联网学科资源库的建立，能够从全方位、立体化的角度激发学生的学习兴趣、提高学生学习的快乐。与此同时，高校教师还应调节和控制学生对于学习的投入性和自发性，采用多种激励政策促进学生积极主动地进行学习行为。

3. 监管控制能力

所谓的监管控制能力是指从事高校教学工作的教师为了达到教学目标而对教学活动的计划、组织、调节和控制环节所表现出来的能力。监管控制能力具体包括教师在整个教学活动中对教学活动的设计、课前的准备、教学现场的控制、学生课后反馈、教师课后反思等。教学活动的设计是教师对教学目的理解和教学智慧的体现；课前的准备活动体现了教师对教材的解读；教学现场的控制是教师传达和教授知识的过程；学生课后的反馈和教师课后的反思，主要体现了教师自查的能力，是找到教学过程中存在的问题与提升的空间、实现自我价值的过程。

4. 指导能力

所谓的指导能力是指从事教学工作的教师通过理论知识的讲解和实践技能的指导来提高学生学习效率的能力。教师在教学过程中为了不断地巩固学生的学习成果，激励学生将其应用到实际的学习和工作生活。尤其是从事实践教学演示的工作中的教师对于学生实践能力的教学指导功能。

三、高校教师教学能力的涵盖

（一）高校教师教学能力的内涵

1. 教学能力与教学设计的联系

研究教学能力必须先将其能力带入到整个教学活动的角度并分析高校教师应该具备的知识、技能和工作态度。教学能力的构成是研究教学能力概念和结构的基础，是教学分析的重要因素。以教学活动的特点来看，教学能力应包含教学设计、教学实施和教学反思三个环节；以教学系统活动的目标和性质来看，教学能力应包含教学认知能力、监管和控制能力、操作能力等；以教学系统构成要素来看，教学能力应包含高校教师在教学环境中通过教学活动的计划、组织、调节和控制环节所表现出来的能力。

2. 教学观点的独立性

不同的能力之间既相互统一，又有若干独立关系。教学能力构成中存在不同的影响因子，他们既具备学科研究能力，又是相互独立的多方面影响的结果。另外，高校教师因为教育理念不同，在教学活动中发挥的作用、重视的因素也不尽相同。教师教学能力则通过教学大纲、教学方法、教学日历、教学计划等多种以教师自身为主导的教学研究活动来体现。

3. 教学要素的统一性

不论是中小学教师，还是高校教师，所有教师的教学能力都通过教学活动来体现，其构成教学系统的要素和环节也是相同的。比如，教学方法、教学设计、教学评估、教学反思等。在此基础上，高校教师的教学能力还要通过专业研究能力、学术研究能力、课程开发能力、教学创新引领能力等表现出高等教育的探索钻研、勇于创新的精神。除此之外，鉴于大数据时代的科学技术环境变化情况，在高校教学活动中所应用的多种辅助教学的现代化信息技术也在不断地发展和创新。面对此情况，高校教师就应该树立终身学习的态度，不断提升自身的大数据信息素质和对信息化教学环境和设备的熟练使用程度，不断发展自身的教学理念，能够创新教学模式，采用各种技术支持学生自主学习的发展。

（二）教学与教师的能力范畴

高校教师已经成为一所大学的课程的主导，是大学灵魂的核心，是学生学习的目标和方向。

由此可见，从高校的职能角度和人才培养规律上分析，高校教师的教学能力所应用的范畴不仅仅是课堂上教学活动的组织和实施，更需要拓展到人才发展的全方面。因为在传统的教学理念中，人们认为科学研究与教学研究隶属于不同的范畴。高校教师带领学生一同投入到科学研究活动中，学生在此过程中学习到了相关的理论知识和提高了科研能力，此时高校教师所发挥的就是教学能力，而非科研能力。与这种情况类似的还有关于社会服务能力的讨论，社会服务能力同样不隶属于教学能力的范畴。高校教师可以带领学生一同进行社会服务实践。因为教师言行的表率作用让学生在此过程中耳濡目染、感同身受，并逐渐形成了自己在未来做人做事的原则和方向。教师的一言一行也发挥了教学活动中的示范作用，成为教学能力的一个部分。

综上所述，我们可以看到在进行高校教师教学能力范畴研究的时候，必须开阔视野，不能拘泥于传统理念上的空间概念，认为只有在课堂上的教学活动才会体现教师的教学能力。而且为了实现人才培养的最终目标，高校教师还应重视并积极开展全方位多角度的教学活动，努力促进和提升学生能力发展的教学方式，将科学研究活动和社会实践活动中的隐性知识显性化表现，提升自己教学能力的同时带动学生全面发展。除此之外，在研究教学能力范畴的时候，我们必须认识到不同类型、不同层次的高校教学重点不尽相同。教师的教学能力发展也应区别对待，培育教师的综合能力的同时发展符合高校发展所需的多方面能力。

（三）高校教师专业能力的结构

传统意义上要求高校教师能够完成知识的讲解和能力的培养两方面工作任务。为了胜任高校教师岗位的两个教学工作任务，高校教师的教学能力结构应分为个人特质、专业态度、专业知识和专业技能四大能力。

1. 个人特质

所谓的个人特质，是指高校教师个体具备的不直接影响或并不专门指向教学活动的个性特征，比如教师在日常教学中表现出来的亲和力、爱心、耐心等，甚至包括教师的形貌和健康状况等。高校教师的个性特质并不容易外露或者由第三者察觉，是内显的特性之一。个人特质对高校教师提升大数据时代教学能力具有一定的促进作用。

在教学工作中，个体特质对教师的影响是泛化的，没有统一的标准，发挥的促进作用也不尽相同。因为个性特质是决定个体全部行为的内部基础，所以个性特质对高校教师教学行为和教学能力的影响是必然的、根本的、无法改变的。从教师准备授课开始，到学生完成课后练习系统算是一个教学的结束。在这个教学过程中，教师的个人特质会慢慢浮现出来，形成其独特的教学风格、对待学生和教学活动的态度，以及教学行为的表现。比如，教师在课堂授课时是按照教材条目完全一致地讲授课程并要求学生必须一字不差地记笔记，还是喜欢和学生舒服自然地聊天，以聊天的内容引出授课的主题等表现，都是由教师的教学态度决定的，而这个态度又是因为其个人特质形成的。

值得注意的是，教学能力是直接支持教学活动组织和实施的关键因素，而教学能力的形成却依赖教师的个人特质和对待教学工作的态度。因此，这种泛化的个人特质是间接支持教学活动更好实施的基本因素，其影响效果非常明显。

2. 专业态度

所谓的态度是个体对客体形成的长期的稳定的心理倾向。在评价教师是否具备胜任教学活动的能力时，虽然要考核专业知识和专业技能的掌握情况，但是决定该教师对专业知识的汲取程度和对专业技能的熟练程度则是他对教学工作的重视程度和对教师岗位保持的态度。在教师行业内，有一个经典的比喻，将一名教师拥有的知识和技能比作浮在水面上的冰山，把他的专业态度比作冰山水下的部分。由此可见，专业态度是教师掌握专业知识和专业技能的根基，是一名教师教学能力更深层次、更核心的表现。

3. 专业知识

师者，所以传道、授业、解惑也。古往今来，从事教师岗位的前提条件就是应该具备足以向学生传道、授业、解惑的专业知识储备。尤其是高校教师，不同于统一标准教学的中小学教育，其专业知识水平的高低直接影响了教学成果的好坏、人才培养质量的高低。

目前，对于高校教师的专业知识水平的考核从教学背景和教科研水平两方面入手。其中，高校教师教学背景主要体现在其毕业院校、从本科开始所攻读的专业、所学习过的课程、获取的学历和学位、参加过的培训和进修等，以个人简历或者在职教师信息登记表的方式体现，由人事处存档。高校教师的教科研水平主要体现在其近三到五年内主持或参与的教研课题、科研课题，教学比赛获奖情况，科学成果获奖情况，已经发表的学术论文，已经出版的专业教材和学术专著等情况，以年底考核评价表和职称晋级佐证材料的方式在个人手中存档，需要学校相关职能部门认证其真实性。关于高校教师能够证明其专业知识水平的资料收集工作是高校人事管理工作的一个部分，也是反映高校教师教学能力的一个方面。

4. 专业技能

所谓的专业技能是指高校教师利用专业知识分析和解决专业问题的能力，是评价教师能否胜任教学岗位的基础能力之一。高校教师的专业技能主要体现在其对课程教学活动的设计能力、专业知识的讲解能力、教学资源的收集和运用能力、课堂教学的控制能力、课后与学生的沟通能力等多个方面。专业技能高低主要依赖高校教师的独立思考和灵活应变能力。因为专业技能最直接的表现是在课堂教学中，所以当原计划的教学活动遇到实际问题的时候，教师没有过多的时间进行深刻的思考和资料的收集，往往在与学生的互动中迅速做出反应。这是非常直接的反应。在大数据时代到来之际，高校教师应该在宽厚的专业知识基础上，重点发展个人在专业技能上的实践操作能力、过硬的教育能力和良好的创新能力，达到信息化时代对高校教师的新要求。

（四）高校教师工作能力的结构

所谓的工作领域是工作的实施范围，是有着相对专业性的内容组成成分。无论从事什么工作，在工作实施过程中都会出现问题。当问题出现时，工作者会根据个体对问题的认识程度而有意识地干预和解决问题。某一工作的问题不断的产生之后就会促使该工作的实施领域不断地扩大。由此可见，从工作领域角度分析高校教师的工作实施领域根据其工作对象的范畴和工作实施的难度分为了宏观层次、中观层次和微观层次。

1. 宏观层次

高校教师从事教学工作领域工作所需要的宏观层次的教学能力主要指的是对其所在专业的发展和规划能力。这一方面的能力具体指的是教师在了解国家教育整体发展规划、该专业未来五到十年的发展规划、社会对该专业人才的需求情况、用人单位对该专业人才的具体岗位要求和报考该专业的学生发展的特质等信息基础上，能够主持或参与本校该专业建设的专业特色、专业定位、人才培养目标和具体专业人才培养方案的制定工作，能够系统地把握专业培养目标、专业核心能力、课程体系、教学方法、教学评价、教学条件、师资团队等因素之间的关系，并明确在人才培养方案实施过程中对各个因素提出的要求和可能存在的问题。

高校教师从事教学工作领域工作所需要的宏观层次的教学能力不是所有专业教师都具备的，也不是成为高校教师之后立即就可以拥有的能力。高校会重点培养专业教学团队中的专业带头人或专业负责人这方面的教学能力，也期望教学团队的所有成员可以将专业发展和学科研究融入本人负责的课程教学过程，有益于实现学术型的教学目标。

2. 中观层次

高校教师从事教学工作领域工作所需要的中观层次教学能力主要指的是针对本专业课程体系中的某一门课程的开发能力。这一方面的能力具体指的是教师在了解该课程在专业课程体系中的地位、作用、前导课程和后置课程等基础信息的情况下，明确该课程的教学目标，选定教学内容，收集和制作课程教学资源，制定课程考核方式，并最终按照教学大纲和课程标准实际完成了课程的教学工作。

3. 微观层次

高校教师从事教学工作领域工作所需要的微观层次教学能力主要指的是针对本专业某一课程为教学单元的设计、开发、利用、管理和评价等方面所需要的教学能力。从工作领域角度分析高校教师所具备的教学能力结构，微观层次的能力是中观能力和宏观能力的基础，宏观能力是对中观能力和微观能力的指导和支持。

（五）高校教师组织能力的结构

在教育学家的眼中，教学是师生之间针对专业知识、技能和道德规范等方面进行互动讨论的活动。在互动过程中，教师能力是决定教学活动中教学效果、教学过程等方面的关键因素。高等教育活动亦如此，也需要通过明确教学能力的性质、构成及其在教学活动中的动态过程来帮助提高教师的教学能力。

1. 以社会学理论为基础教学活动中所需要的高校教师教学能力结构

以社会学理论为基础，教学活动是一种以智力表现为基础的，以人类为主导的学习型活动。在智力成分中，对教学活动影响最大的而且最重要的是分析能力、创造能力和实践能力。

（1）分析能力是指分析、判断和评价教学活动的能力，主要为教师讲授知识的准确性、全面性和系统性提供帮助。

（2）创造能力是在教学活动中表现出来的发现、联想和创造能力，主要对教学活动所体现的教育理想、实行的教学设计、采用的教学方法等方面的开放性、灵活性、启发性提供帮助。

（3）实践能力是在教学活动中表现出来的运用专业知识解决实际问题的能力，主要对教学活动实施过程中体现的控制能力和应变能力提供帮助。教学活动具有多变和灵活的情境特点，会因为参与者的不同、实施的实践差异而导致活动过程截然不同。高等教育的教学活动会使这一特点则更加明显。由此可见，在从教学活动角度分析高校教师教学能力时，其实践能力的要求更高一些。

2. 以艺术科学理论为基础教学活动中所需要的高校教师教学能力结构

以艺术科学理论为基础，教学活动既充满了艺术创造的色彩，其发生的过程既无迹可寻，又具备了科学活动的严谨，多次重复的教学活动明显表现出了规律性的东西。总结多种多样多专业的高校教学活动的特点，将所需教学能力分为三类：教学认知能力、教学操作能力和教学监控能力。

（1）教学认知能力就是高校教师对于所讲授课程的教学目标、教学任务、教学对象、教学方法、学情的认识和理解，具体表现为：分析理解教学大纲和课程标准的能力、事先选择教材和事后处理教材的能力、教学活动的设计能力、对于教学对象的特点和学习需求的了解、学情分析的能力等。在教学能力的结构中，教学认知能力是最根本的、最直接的能力，直接关系到高校教师课前准备的质量和教学活动设计的水平。

（2）教学操作能力就是高校教师在教学过程中为了实现教学目标不断处理教学问题的能力。从教学操作方式来看，该能力具体表现为：能够准确、条理清晰、逻辑明确、结构连贯表达的语言能力，具有一定感染力、表情丰富、形态端庄的非语言表达能力和科学合理地运用现代化信息技术辅助教学能力。从教学操作活动内容来看，该能力具体表现为：能够选择合适的表现方式进行合理编排教材内容、排列教学次序的能力，能够充分激发教学对象的学习兴趣和热情、采取科学合理的教学手段、积极进行课堂教学互动、基本按照教学计划实施教学活动的课堂组织管理能力，能够采取适当的教学评价工具来及时获得教学反馈信息的教学评价能力等。

（3）教学监控能力就是高校教师为了实现课程目标和顺利实施教学活动，对教学活动的全过程有意识、积极主动采取计划、检查、评价、反馈、调整的手段实施监控管理的能力。该能力不是所有教师都具备的，只有经过不断的教学实践和教学反思的过程才能够从实践中培养和锻炼出来。该能力也是教学能力结构中最高级的组成部分，是一名高校教师在教学活动中发挥其组织者、实施者和监控者角色的作用所需要的能力，也是教学能力发展的内在机制。

第二章 高校师资队伍建设概述

第一节 高校师资队伍建设规划的概念

一、高校师资队伍建设的内涵与意义

(一)高校教师队伍建设规划的含义

1. 高校教师队伍建设规划的概念

高校教师队伍建设规划指的是以学校总体发展战略为指导,按照学科建设目标的要求,分析本校现有教师的素质,年龄与性别结构,学历与职称结构以及创新型学术团队等因素,预测高校发展环境的变化及教师供给与需求状况,制定相应的教师队伍规划,包括短期、中期以及长期规划。高校教师队伍建设规划是高校战略规划的一个子规划,它是高校战略规划的中心内容,是实现学校战略目标的重要保证,是保障学校可持续性发展的重要手段。

教师队伍建设规划的制定是运用一套分析技术来进行战略开发的过程,在这个过程中,要将目标或意图分解到各个步骤中,然后对各步骤予以细化,并详细阐述每一步骤预期产生的后果或结果。

2. 教师队伍建设规划概念的解析

第一,它是以高校发展战略作为教师队伍建设规划制定的指导思想,是高校战略规划的子规划项目,教师队伍建设规划要符合学校发展战略的需要。因此,学校的发展战略决定了教师队伍建设规划的方向与思路。

第二，以学科建设目标为要求。学科是人才成长的摇篮、学术研究的基地、技术创新的发源地，是教学、科研的基础和载体，也是学校办学水平和特色的集中表现。任何一所学校都要考虑学科建设的资源约束和能力限制，无法追求学科门类的齐全与并进，而只能追求"优势学科"和"学科优势"，追求学科建设的特色。对学科建设起支撑作用的是教师队伍建设，教师队伍的学术水平是学科发展水平的集中反映，没有一流的教师队伍，就不可能有一流的学科。由此可见学科建设目标决定了高校教师队伍建设的要求与侧重点。

第三，高校教师队伍建设规划受到现实环境的制约。一方面，不同高校教师队伍的现状存在很大差别，如教师队伍结构、学术梯队的状况等；另一方面，高校的外部环境也是在不断变化的，比如教师资源的供给状况、不同高校的发展状况等。因此，进行高校教师队伍建设规划，必须科学分析和预测外部环境的变化，以做出相应的对策。高校教师队伍建设规划的制定过程，就是要通过规划及其实施，使学校的资源和能力与不断变化的社会需求之间保持战略适应性。

（二）高校教师队伍建设规划的意义

1. 国际、国内竞争日益激烈

随着国际化趋势的发展，高校资源的市场化程度和高校之间的资源竞争会日趋激烈。这就要求高校必须做好学校发展战略规划，而高校教师队伍建设规划又是高校发展规划的核心建设内容，只有做好学科建设规划与教师队伍建设规划，才能提高高校的核心竞争力，才能在竞争日益激烈的环境中立于不败之地。首先，大学发展水平是办学质量与效益的竞争，大学需要准确地设计自己的发展目标，选择合适的发展方向，提高质量以同其他高校竞争。因此，高校自身发展迫切需要科学合理的规划来指引；其次，大学的发展必须要获得政府和社会资本的投入，也需要制定能够尽可能满足各方需要的发展规划；最后，竞争的日益激烈要求高校认真制定发展规划，使自己在资源争夺战中立于不败之地。

2. 高校教师队伍建设的重要政策指导

教师队伍建设规划是要求制定详细的发展规划措施，并把每一个目标或一组意图分解到各个步骤中，然后对各步骤予以细化，将每一个目标详细阐述，并预期每一步骤可能产生的结果。教师队伍建设规划是教师队伍建设最重要的政策指导依据。在教师队伍建设的过程中，必须按照规划的指引与要求，按步骤逐步实现既定的目标。而且，科学的教师队伍建设规划已充分预见了外部环境的可能性变化，并提出了相应的对策，也为教师队伍建设创造了条件，因此，即使外部环境有所调整，但只要严格按照规划的指引与要求，就一定能建设出一支符合高校需要的教师队伍。

3. 为教师职业发展提供重要的参照

职业生涯规划是指个人发展与组织发展相结合，对决定一个人职业生涯的主客观因素进行分析、总结和测定，确定一个人的事业奋斗目标，并选择实现这一事业目标的相关职业，编制相应的工作、教育和培训的行动计划，对每一步骤的时间、顺序和方向做出合理的安排。引导教师职业生涯设计和再设计是学校的重要职责，促成教师根据自身特点建立清晰明确的职业发展目标与发展道路，提高工作的主动性、积极性和针对性，从而促进教师个人职业目标和组织目标的共同实现。教师队伍建设规划为教师职业生涯发展提供了明确的发展目标及导向，教师可以根据学校的教师队伍建设规划分析自身利弊，为自己在高校教师生涯规划设计中做好明确的定位，对教学、研究和学习等方面进行统筹规划。

（三）高校教师队伍建设规划的现状

当前，高校在制定教师队伍建设规划时还存在不少问题，导致规划的战略性、前瞻性以及可操作性都有待提高。

教师队伍建设规划制订中常见的问题主要有：第一，对战略规划考虑不够，制定的教师队伍建设规划不能很好地体现学校的总体战略和发展需要；第二，规划的科学性不够，使规划目标既难以衡量，也难以分解和落实；第三，规划实施和执行的力度不够，缺乏对规划实施的评估和监控；第四，规划的发展思路、目标、措施没有及时转化为宏观政策，导致规划的导向性不足；第五，规划制定过程中，由于教师队伍建设规划是由人事部门制定，其更多的是从本部门的立场与角度出发制定规划，没有广泛征求教师的意见，尤其是学科专家的意见，论证不够充分，相关部门对教师队伍建设规划制定的支持力度不够；第六，有些高校制定的教师队伍建设规划不能科学地预见未来发展变化，未能体现前瞻性，有的又规定得过于刻板，未能适当地留有余地；第七，对相关规划统筹考虑不够，专项规划各自为政，不能协调统一。

二、高校师资队伍建设的内容与程序

（一）高校教师队伍建设规划程序

程序规范是内容科学的基本保证，通过履行规范的程序，提高规划的深度和水平提高教师队伍建设规划的科学性与合理性。简单来说，教师队伍建设规划制订要经过几项程序，进行学校外部环境和内部情况的分析，包括机遇与挑战、优势与不足等，要进行与国内外著名大学的对比分析；进行顶层设计，提出规划纲要框架，组织专家和职能部门进行研讨，形成规划纲要；校领导讨论审定规划纲要；根据规划纲要的要求，完成规划（征求意见稿）；

校领导讨论审定规划（征求意见稿）；广泛征求院系和教师意见，修改形成规划（讨论稿）；校领导讨论审定规划（讨论稿）；提交教代会讨论审定；由校务委员会（或办公会）批准；在全校公开，并采取多种形式进行广泛宣传和讲解。在规划制定和实施过程中，以下几点应引起特别注意：

1. 民主参与

高校教师队伍建设规划编制必须注重民主参与。一是健全规划编制专家咨询制度，组织规划咨询、论证、评估等活动。二是采取多种形式保障教职员工和相关组织参与规划编制过程。在规划制定过程中，应充分听取专家、学者的意见，要特别重视和吸收基层专业教师的意见，全面了解不同群体的利益与诉求，以最大限度保证规划的科学性、合理性与可操作性。

2. 衔接

规划衔接是保障各级各类规划协调配合、形成合力的关键环节，各级各类规划要与相关的规划衔接，下一级规划要与上一级规划衔接，区域规划、专项规划要与总体规划衔接，相关规划之间要相互衔接，同级规划则需相互协调。高校教师队伍建设规划也应当与其他规划做好衔接工作，进行高校教师队伍建设规划的主要职能部门也应与相关单位做好沟通与衔接。比如说，高校教师队伍建设规划需要以学科建设规划目标为指导，要与校园建设规划紧密配合。在具体制定过程中，高校教师队伍建设规划应与研究生教育、本科教育等人才培养规划相结合，与科学研究、社会服务规划相衔接。只有这样，才能保证教师队伍建设规划的科学性与前瞻性，才能保证学校发展战略的整体性。

3. 论证

论证主要是指专家论证，是高校教师队伍建设规划中最重要的环节之一。要尊重教授治学的权力，充分发挥学术委员会、教学指导委员会、规划委员会等组织的作用让其积极参与到教师队伍建设的规划当中来，充分听取其意见和建议。只有专家学者才能更准确地把握学科发展的前瞻性，只有学科带头人才能更深刻地认识到教师队伍存在的不足及其发展方向。只有这样，才能为下一步教师队伍建设规划提出更科学、合理的建议，才能使教师队伍建设规划起到更重要的政策指导作用。

4. 评估

规划评估是保障规划有效实施的必要环节。要改变"规划编制时轰轰烈烈，编制完成后高高挂起"的状况，必须加强对规划实施的检查监督，必须对规划实施过程开展评估。根据以往的经验，规划实施中暴露出的一些问题，有些可能是实施不力造成的，有些可能是因为规划编制得不符合实际造成的。通过规划评估，可以更好地认识到问题，以便及时采取措施予以调整。此外，实施规划是一个动态的过程，环境的细微变化都会导致规划的不断调整，通过评估可以及时了解变化，调整相关内容，提出更有针对性的措施和建议，以充分保障规划总体目标的实现。总的来说，评估应该包含五个方面的内容：第一，明确评估的时间，是年度评估、五年评估还是十年评估；第二，评估的内容，包括发展目标、主要任务和关键指标完成和未完成的情况、采取的政策措施、存在的主要问题、主要原因分析等方面的内容；第三，评估的方法，成立由学校领导、职能部处、教师代表以及相关专家组成的专门领导小组进行评估；第四，评估的程序，是采取自上而下还是自下而上，或是二者相结合的办法等；第五，评估的效力，通过诊断性评估，及时发现存在的问题，进行偏差分析，找到解决问题的措施等。

着手制定发展规划前，必须有一个明确的指导方针或指导思想以及体现的原则。高校教师队伍建设规划的指导思想是制定和实施规划的根本准则。正确的指导思想要能够充分反映国家、地方和学校自身的利益与要求，要能够与国家和地方的教育发展指导思想相吻合。

（二）高校教师队伍建设规划内容

高校教师队伍建设规划是指导自身行动的纲领，一份完整的高校教师队伍建设规划应该包括以下三部分内容：教师队伍现状分析，指导思想与发展目标，工作重点和相关政策措施。

1. 教师队伍现状分析

现状分析要求对自身所具有的基础进行全方位梳理，明确在同行中所处的位置也就是说找准坐标，只有找准坐标，才能进一步设计未来的努力方向和发展水平。现状分析主要包括以下内容。

第一，教师的数量。教师数量是否充足，是否达到保证教学质量的基本要求。目前主要评价指标是生师比，按照教育部相关的规定，优秀指标为 16:1，合格指标为 18:1。但在教师队伍建设规划当中，不仅需要整体规划全校的教师数量，还必须考虑各学院、各学科的教师数量是否达标。在规划教师数量时还必须综合考虑办学成本，根据自身的情况及发展的需要合理确定。

第二，教师队伍的结构。主要包括分析教师的学历结构、职称结构、年龄结构、专业结构等因素，考虑这些结构是否合理，是否具备可持续性发展的特征以及这些结构发展的合理趋势是什么等。对此的分析应从两个层面进行：学校整体教师队伍是什么状况；不同学科教师队伍状况如何？如重点学科和优势学科教师队伍的状况如何？

第三，教师的素质实际是教师队伍的潜结构分析。教师队伍的整体素质，创新精神与水平，创造能力，心理素质，教学科研等能力，人文素质，思想政治素质等，这些都是教师队伍潜结构应充分考虑和分析的因素。

第四，高层次人才队伍与创新团队。现有教师队伍中，一流学科带头人和大师级学者的状况，有没有优秀的创新团队，数量有多少，创新团队的学科分布状况等情况。

只有充分分析了现有教师队伍的状况，才能为下一步的规划提供更好的指导依据，才能更好地制定教师队伍发展规划。

2. 教师队伍建设规划的指导思想与发展目标

指导思想主要分为两个层次：其一是国家或省市对教师队伍建设的指导思想；其二是学校发展战略和教师队伍在某一时段的发展方向和程度、性质和类型。类型有教学型、教学研究型、研究教学型或研究型，或者说定位为国际一流、国内一流或西部一流等，或者是所述二者的结合等。总的说来，高校教师队伍建设规划应坚持科学发展观和"人才立校"的发展战略，以学校发展战略和学科建设目标为要求，从学校的实际和办学特色出发，以建设高水平的学科带头人和学术骨干队伍、培养高素质的教师为重点，以引进、培养一流学科带头人和国内著名学者为突破口，坚持人才引进与人才培养相结合的原则，坚持教师队伍建设适度超前发展的原则，积极创新教师队伍建设，努力打造一支充满活力、结构优良、师德高尚、乐于奉献、学术水平较高、富有创新能力、能满足学校教育事业快速发展需要的高素质的教师队伍。

发展目标是教师队伍建设规划的主体部分，即学校选择要重点发展的若干项目及领域。一般而言，教师队伍建设发展规划目标主要包括教师数量、教师队伍结构、高层次人才数量等，从二级指标来看，又有教师总体数量以及占教职工队伍的比例，专职教师与兼职教师的比例，教师的年龄结构比例，职称结构比例（高级职称占多少），生源结构比例（外校毕业生占多少，重点大学高校毕业生占多少），学历结构比例（博士学位比例占多少），院士和学科带头人数量等。当然，由于高校之间的差异，不可能用一套很完备的指标体系来评价所有学校，不同学校应结合自身的实际情况，适当参考同类型或同层次高校的规划个案。

3. 教师队伍建设规划的工作重点和政策措施

为了更好地实现学校的发展战略，更好地围绕高校学科建设，更好地实现学校教师队伍建设的重要目标，规划必须突出工作重点并制定相关政策措施。一般来说，教师队伍建设规划的工作重点和政策措施是大不相同的，但也有一定的共性，主要包括以下几个方面。

第一，深化人事制度改革，营造人尽其才的环境和机制。完善教师聘任制度，全面推行岗位聘用制，建立健全"公开招聘，竞争上岗，择优聘任，合同管理"的用人机制；完善分配激励机制，建立以岗定薪、岗变薪变、向高层次人才和重点岗位倾斜的收入分配机制；建立科学合理的教师考核与评价体系；加强建立物质激励和荣誉激励，努力形成激励优秀人才充分发挥作用的良好氛围。

第二，要有经费保障。确保为教师队伍建设做好资金来源保障。可以积极申请政府主管部门拨款，或自己筹措资金，或利用社会捐赠，或通过银行贷款等渠道。当然，这都需要根据学校总体规划，从教师队伍建设规划的要求与实际情况出发，制定具体经费保障措施。

第三，具体政策的制定是与高校的实际情况紧密结合的。不同高校可根据教师队伍的建设目标采取特定的鼓励政策。例如，某高校教师队伍具有博士学位的教师比例过低，其就可以制定更好的优惠政策以吸引博士来校工作，同时还可制定鼓励本校教师积极攻读博士学位的相关政策。

三、高校师资队伍建设的原则与方法

（一）高校教师队伍建设规划原则

1. 服务学校战略原则

要树立学校规划的观念，摒弃部门规划的观念，从学校整体发展需要出发编制规划，而不是从部门工作需要出发编制规划。在具体的制定过程中，要以学校发展战略为指导，以学科建设目标为要求，深刻分析教师队伍的现状，制定教师队伍建设规划。学校发展战略决定了学科建设目标，而学科建设目标的实现离不开教师队伍的支撑，教师队伍建设规划紧紧围绕着学科建设目标。教师队伍建设规划既服从于学校发展战略，又影响着学校发展战略规划。

2. 以人为本原则

科学发展观作为中国社会发展的战略指导思想，同样反映了高校发展的本质、目的和规律，"以人为本"思想就是科学发展观的本质和核心。坚持以人为本，在高校管理中就是要坚持以教师为本的发展观，制定教师队伍发展规划就要以"以人为本"思想作为指导。具体来说，在制定教师队伍建设规划当中，必须树立全新的教师队伍建设观念，树立可持续发展的战略思想，着力规划和提高教师队伍整体素质，营造积极健康向上的高校文化和学术氛围。此外，还必须充分发挥教师的主人翁精神，让教师尤其是相关专家积极参与到教师队伍规划建设当中来，多听取他们的呼声与建议，以更好地融合教师自身的元素。同时，制定教师队伍建设规划，还要充分考虑教师的全面发展，为教师的提升创造良好的条件和平台。

3. 可持续发展原则

坚持可持续发展原则，就是要促进人与自然的和谐，实现经济发展和人口、资源、环境相协调，坚持走生产发展、生活富裕、生态良好的文明发展道路，保证一代接一代永续发展。高校教师队伍的可持续发展要求教师队伍具有合理的职务结构、较高的学历结构、多元的生源结构、均衡的年龄结构、协调的专业结构、合理的学术梯队以及富有创新精神和创造力的学术团队，以不断推动学校的发展。在高校教师队伍建设规划中，坚持可持续发展原则，要求明确高校教师队伍建设发展的战略目标和工作重点，推进制度创新和实施人才强校战略；进一步构建完善优秀人才可持续发展的培养和支持体系，加大"高层次创造性人才计划"的实施力度，着眼于高层次人才和高水平创新团队总量增长与整体素质提高；加强中青年骨干教师能力建设，加大培养和支持力度，大力推进高校高层次人才队伍建设；深入开展学校人才制度和政策创新研究，进一步完善学校人才评价机制、竞争机制、激励机制和组织机制，开展学校人才队伍建设课题研究工作；改进和加强师德建设工作，加强制度建设，加大对高校优秀教师先进事迹的表彰宣传力度，全面提升高校教师的师德水平。

4. 程序规范原则

程序规范是内容科学的基本保证。通过履行规范的程序，提高规划的深度和水平，切实发挥规划应有的作用。规划编制程序，包括前期工作、立项、起草、衔接、论证、批准、公布、评估、修订和废止等环节。高校教师队伍建设规划也必须按照程序规范的原则制定，尤其是程序当中的论证与评估这两项工作，是确保教师队伍建设规划科学合理的重要保证。

5. 前瞻性和可操作性原则

教师队伍建设规划要体现前瞻性和可操作性原则。教师队伍建设规划是要面向未来的，要表明未来时段的事业发展状态，因此要有超前意识和预见性，要对未来的状况做出适当的预测；规划要从实际出发，但不是实际的拷贝，不能过于迁就实际，而是要在实际的基础上提出发展的要求，创造发展的条件，制定发展的措施，这就是前瞻性原则。所谓可操作性，就是规划要能够在现有的或可能的条件下付诸实施，而且需要将目标分解到每一个步骤当中。不能盲目追求高目标，结果造成可操作性不强，使教师队伍建设规划成为空想。为此，教师队伍建设规划必须要有相应的指标体系，有可以获得和测量的可比性数据，要有具体的、可以实施的对策与措施。

（二）高校教师队伍建设规划模式与方法

高校教师队伍建设规划有合理性模式、互动性模式两种，不同的规划模式有不同的规划方法。

1. 合理性模式

合理性模式把教师队伍建设规划过程看成一系列渐次进行的程序：决策者或规划者试图认清重大的问题，需要并确定解决这些问题或满足这些需要的总目标将总目标，转化为各项具体目标指出各种达到具体目标的行动步骤，说明每个行动步骤的代价和利益，选择最优的行动步骤综合各种择定的行动步骤并组成一个规划，将规划分解为各种可操作的项目并根据总目标来执行和评价每个项目。比如说，在教师数量上的规划，可以根据学校学生人数的变化趋势，合理确定未来一段时间需要补充与引进的教师总数，按每年逐步应实现的目标，确定不同的学科每年应补充的教师人数等。此外，在形成合理的教师学历结构比例时也是如此。

合理性模式首先认定人们对教育规划的目标会有合理的、统一的认识，认定其具备将目标转化为行动步骤的技术或手段。其主要要求制定合理可行的评价指标，将指标根据一定的方式进行分解，并将其转化到每一个实施的步骤过程当中。近年来，管理学、统计学、信息论、决策论、计算机辅助编程技术的发展加强了合理性模式的应用地位，使合理性模式在现实的操作过程中显得更为有效。

2. 互动性模式

互动性模式认为教师队伍建设规划制定过程不是一种按部就班的、有条不紊的逻辑上互相联系的一系列程序，而是一种个人或集体利益之间主张意见的冲突、交流、协商、妥协以及再冲突、交流、协商、妥协的连续动态过程。规划是在不确定的未来和不完全了解现在的背景下调解人的认识和行动的一种尝试，而不是一种确定无疑解决问题的方案。该模式主张者认为，教师队伍建设规划不可能有一致的合理性目标并按照预定的途径来实现目标，也不可能有完全符合未来需求的规划。他们认为，教师队伍建设规划是一种利益的相互协调，是各方博弈的综合结果。比如说，某学校在规划学科带头人数量与学科分布的规划上，不同的学科都会为本学科尽量争取更多的指标，而最后形成的规划是各方利益平衡的一种结果。需要注意的是，规划中所依赖的完整的信息和准确无误的知识等条件都是难以实现的，这就决定了规划不仅是结果，还是一个过程；规划是创造性地适应自然与社会的过程，而不是实现规划者的理念；高校教师队伍建设既要站在学校的立场，也要站在教师的立场；既要听取资深教师的呼声，也要听取中青年教师的呼声。教师队伍建设规划是在追求一种博弈论中设想的平衡点，以使各方优势得以突显，形成相对安全的格局。

近年来，社会学、人类学、综合管理学、政治学的研究成果支持了互动性模式。在互动性模式中，决策者的角色是协商者、共识构建者、人际关系专家、宽容的调停者。互动性模式看重对现实做出因人而异的解释，强调人际信息交流的意义突出个人、制度与其环境相互影响的动态性质，因此在制定教师队伍建设规划中更愿意选用便于了解人们内心世界或考虑人们想法的方式。

3.SWOT 分析

"SWOT 分析"是一种比较成熟的规划方法。"SWOT"是优势、劣势、机会和威胁四个单词的缩写。在高校教师队伍建设规划中，"SWOT 分析"实际上是对高校教师队伍建设内外部条件各方面内容进行归纳和概括，进而分析高校教师队伍建设的优劣势、所面临机会和威胁的一种方法。其中，优劣势的分析主要着眼于自身的实力及其与竞争对手的比较，而机会和威胁分析将注意力放在外部环境变化的可能影响建设规划。高等学校在维持竞争优势的过程中，必须认识自身的资源和能力，采取适当的措施，做好"SWOT 分析"。

高校教师队伍建设规划要坚持正确的发展观，一切要从学校的实际情况出发，突出自己的办学特色和优势。由此可见，在规划理念上，要突出以人为本，促进学校各项事业全面、协调和可持续发展；在发展目标上，要充分反映学校发展战略的要求；在规划内容上，既要突出重点，又要顾全大局。

第二节 高校师资队伍建设的理论基础

一、人的全面发展的理论

人的全面发展理论是关于个体社会关系的全面丰富发展、全面提高个人能力和素质的发展以及全面符合人的个性的发展的理论。人的全面发展理论贯穿于马克思主义理论的各个阶段和各个部分。

（一）人的需要和劳动能力的发展

人类活动是围绕着人类的需要而产生和开展。人的生存需要是人的发展需要的前提和基础，且人的需要是随着社会历史的发展而不断提高。随着社会历史的不断发展，实现了人自身能力的多方面进步。

（二）人的个性发展和社会关系发展关系

在日常的活动中，全面而自由发展使人能感受到自己对活动的支配。这种主人翁的感受会让人在劳动中产生的热情，充分调动内驱力和创造力，完成活动。这一系列的活动过程会促进人更加自由而全面地发展。人的需要、能力、个性的发展是在一定的社会关系中存在、活动和发展。人的全面发展、人的自由个性只有到了"外部世界对个人才能的实际发展所起的推动作用为个人本身所驾驭"时，才能真正实现。

用社会关系的发展作为纬度，马克思把人的发展分为几个阶段：人的依赖关系、物的依赖关系、能力的依赖关系。通过这几个阶段，可以看出人类社会关系的发展变化。人类社会发展的初期，没有丰富的社会关系，自然也不会有人的全面发展。共产主义社会中，劳动不再是一种负担，而是需要。这种以需要为前提的劳动会极大的丰富社会关系，从而实现人的全面而自由的发展。只有在共产主义社会中，才能实现社会全体成员的共同全面发展，而不是少数人或者全体、阶层的片面发展。

人的全面发展理论为高校师资队伍建设价值追求的确立以及以人为本和系统思考理念的形成提供了理论依据。高校教师队伍建设的终极目标和实现人的全面发展在实质上是一致的。在教师培育、选拔、使用等各环节各方面做好做实教师队伍建设工作，通过发挥教师的积极性、主动性、创造性，建设政治素质过硬、业务能力精湛、育人水平高超的高素质教师队伍。

高校一定要坚持以马克思人的全面发展理论为指导，立足于促进教师的全面发展，加强和改善高校教师队伍建设管理工作。教师的能力和素质，关系到学生能力和素质的培养。加强高校教师队伍建设的各项措施落实，就是教师的能力和素质提升的一项大工程。

二、战略人力资源管理理论

（一）战略人力资源管理的主要特点

1. 以"人"为核心

视人为"资本"，强调一种动态的、心理的调节和开发，属"服务中心"，出发点是着眼于人，达到人与事的系统优化、使企业取得最大的经济和社会效益之目的。非战略人力资源管理以"事"为中心，将人视为一种成本，把人当作一种"工具"，强调"事"的单一方面的静态控制和管理，属"权力中心"，其管理的形式和目的是"控制人"。

2. 企业的核心部门

战略人力资源管理是企业经营战略的重要组成部分，主要通过促进企业长期可持续发展来实现对经营战略的贡献；涵盖组织建设、文化建设与系统建设各个方面，通过企业文化整合战略、组织和系统，保证企业战略的执行和实现、推动企业长期稳定的增长。

3.灵活制定人力资源政策

战略人力资源管理可以灵活的按照国家及地方人事规定、制度，结合企业的实际情况制定符合企业需求的各种人力资源政策，从而建构起系统的人力资源管理体系，确保企业实现经营战略目标。非战略人力资源管理则主要是制度的执行，即按照国家劳动人事政策和上级主管部门发布的劳动人事管理规定、制度对员工进行管理。

4.提供有价值的资源数据

战略人力资源管理要求人力资源管理者从企业战略的高度，主动分析和诊断人力资源现状，为决策者准确、及时地提供各种有价值的人力资源相关数据，协助决策者制定具体的人力资源行动计划，支持企业战略目标执行和实现。非战略人力资源管理则只能站在部门的角度，考虑人事事务等相关工作的规范性，充其量只能传达决策者所制定的战略目标等信息。

（二）战略人力资源管理模型

战略人力资源管理模型是按照四个层次来进行划分的，其整体像一个自行车轮，轴心是企业目标，最外层是开放的企业外部环境，外部环境既影响企业战略的制定，也决定企业人力资源环境。第二层是公司战略层面，它既决定了企业的目标，也是决定企业直接参与市场竞争方式的层次。第三层是影响公司战略能否成功的关键部分，对战略实施起支持作用，如人、文化、领导和结构。第四层次是具体的人力资源战略，也可以说是传统人力资源管理工作的重点区域，这是体现企业内部人力资源系统的层面，既要对公司战略提供支撑，也要彼此间互相配合。无论哪根辐条发生断裂都会影响车轮前进，久而久之会缠住轴心，导致企业目标无法实现或受到损害。战略人力资源管理就是在这样四个层次之间发挥作用，归根结底，战略人力资源管理的目的是实现企业目标。从战略人力资源模型可以看出，战略人力资源管理理论基于企业管理的具体特点，认为在战略人力资源管理的第四层次主要涵盖了招聘、薪酬、开发、考核等四个方面的内容。笔者根据高校教师队伍分类管理的实际情况和教育活动的具体特点，对这一层次四个方面的内容进行了进一步的解构和重构，将高校教师队伍分类管理具体解构为高校教师分类聘任、分类调配、分类培训、分类薪酬、分类考核和分类退出等六个方面的核心内容展开分析。

三、教师生涯发展理论

教师生涯发展是从纵向对教师专业发展进行解读，是指教师的职业素质、能力、成就和职称等随着时间轨迹而发生的变化过程及其相应的心理体验与心理发展历程。教师生涯发展理论共发展出教师生涯发展周期理论、教师生涯阶段理论、教师生涯循环论和教师生涯实现论等四种理论派别。

（一）教师生涯发展周期理论

该理论从年龄和教龄两个维度对教师生涯发展进行了划分。就按照年龄对教师生涯发展进行划分的理论来看，按照年龄将教师生涯发展划分为第一阶段（20—40岁）职业发展期；第二阶段（41—55岁）最理想的职业绩效期；第三阶段（56岁至退休）职业维持期等三个阶段。有学者在划分基础上又进行了进一步细化，将教师生涯阶段划分为第一阶段（进入成人世界），21—28岁；第二阶段（30岁的变迁），29—33岁；第三阶段（定位）34—40岁；第四阶段40—50岁；第五阶段51—55岁等五个阶段。就按照教龄对教师生涯发展进行划分的理论来看，按照教龄将教师生涯发展划分为初始教学期（教龄1—6年）；建构安全期（教龄7—15年）；成熟期（教龄15年以上）等三个阶段。按照10年教龄的平均跨度将教师生涯发展划分为任教第一个10年（教龄1—10年）；任教第二个10年（教龄11—20年）；任教第三个10年（教龄20年以上）三个阶段。按照年龄或教龄对教师生涯进行划分的理论是以时间为线索，探讨教师一生的专业发展中各个阶段的特征，为教师的培养和培训等相关研究做了铺垫。

（二）教师生涯阶段理论

该理论基于不同的关注点，产生了多种教师生涯发展划分形式。关注水平阶段理论从教师的关注方向出发，将教师生涯阶段划分为教学前关注阶段、关注生存阶段、关注教学情景阶段、关注学生阶段等四个阶段。从教学专业成熟的视角出发，将教师生涯发展划分为形成期、成长期、成熟期和专业全能期等四个阶段。从教学效能的视角出发将教师生涯划分为转换阶段、探索阶段、发明试验阶段、专业的教学阶段等四个阶段。还有学者将教师生涯发展划分为前专业阶段、起步阶段、成长为专业工作者阶段、最佳专业水准阶段、自我和专业的再定向阶段、专业再发展阶段、退休前阶段。另外还有学者将教师生涯发展划分为生涯进入期（从教1—3年）、稳定期（从教4—6年）、实验与再评估期（从教7—18年）、平淡和保守期（从教19—30年）、清闲期（从教31—40年）等五个阶段。

(三)教师生涯循环论

该理论认为教师生涯是一个动态的、复杂多变的过程,将教师生涯发展划分为职前期、职初期、能力建构期、热情与成长期、职业挫折期、职业稳定期、职业消退期和职业离岗期等八个阶段,每一个阶段都有特定的成长需求,并针对这一需求制定了相应的激励措施和不同的支持系统,以促进教师生涯发展。

教师生涯循环论较为关注组织环境和个人环境对教师生涯发展的影响,但是其落脚点更多体现在突发、后发时间或因素层面,对于具有稳定性、长期性的影响教师生涯发展的因素关注不够。

(四)教师生涯实现理论

从教师的自我作用和外显行为层面出发,将教师生涯发展划分为预备生涯阶段、专家生涯阶段、退缩生涯阶段、更新生涯阶段、退出生涯阶段等五个阶段。从教师自我的批评反思所起到的作用出发将教师的生涯发展划分为"非关注"阶段、"虚拟关注"阶段、"生存关注"阶段、"任务关注"阶段、"自我更新关注"阶段等五个阶段。

教师生涯实现理论的诸多观点和对教师生涯发展的划分更多地强调了教师个体的能动性,将教师生涯发展视作一个教师主动的、动态的发展过程。当前,管理科学主义在教育领域盛行,教育的本质属性在很大程度上被遮蔽而得不到彰显,各级教育管理者也在管理实践中将侧重点放在了学校的目标、绩效和政府评价等方面,却相对忽视了组织成员的生活世界状况这一组织中最为关键的因素。本书力图通过教师生涯发展相关理论,进一步加强在高校教师分类管理研究中对教师年龄、教龄等生理、心理特点的关注,着力分析随着高校教师年龄、教龄的不断变化,高校教师生理、心理呈现出一种怎样的动态变化趋势和过程,并将这种动态化的高校教师生涯发展趋势同高校教师分类聘任、分类调配、分类培训、分类薪酬、分类考核和分类退出等高校教师分类管理相关环节紧密结合,探寻基于高校教师生涯发展特征的高校教师分类管理模式。

第三节　高校师资队伍建设的实践依据

一、高校师资队伍建设的要求

（一）高等教育师资队伍建设的一般要求

1. 数量适当

为与学校办学规模相适应，专业门类相协调，高校应该使教师队伍在数量上保持充足适当，必须满足生师比的基本要求。当前的情况是，由于学校规模发展快，又考虑成本等因素，不少学校尤其是民办学校存在着教师数量不足的问题，这应该引起我们的重视。

2. 素质精良

素质精良是一个内涵丰富的概念，作为教师，其主要任务是育人，因此，教师首先必须具有良好的师德师风、良好的道德素质，从某种意义上说这是最为重要的。其次，不同类型的学校对教师也有不同的素质要求，教师应该具有较高的文化层次，接受过高等教育是最基本的要求，接受过研究生教育乃至博士教育也应该是重要的导向，尤其是博士，应该是目标追求。除此之外，高校的教师应该有作为教师的基本素质，如语言表达能力、形象、品质、风度和人格影响力等。

3. 结构合理

学校教育不同于培训机构，它要培养相应学历层次的人才，因此必须实现知识、能力、素质的有机统一。而要达到这一目标和要求，其人才培养方案本身就有丰富的内容和合理的结构，马克思主义理论课程、思想道德修养课、法律法规教育课、军事体育艺术课，不同的专业课程、专业基础性课程等，共同构成了教师队伍建设，不仅有总量要求、素质要求，而且应该有结构要求，并且要以合理的结构来支持和完善数量与素质的要求。与此同时，高等教育作为高教性、职教性和行业（区域）性三者统一的复合体，本身就是一个非常重视结构的机体，实际上是说，高等教育教师的结构问题更加重要，更有意义，更能体现办学特色和发展需要。

（二）高校教师素养的个性要求

无论从哪个角度看，教师的个体素质都是教师队伍建设的基础，广大教师的良好素养和水平决定了高水平教师队伍的形成，教师个体素质至少包括以下几个方面。

1. 强调三种经历

一个合格的、优秀的教师必须具有三个方面的经历：一是高等教育的学历，如果能够有研究生及以上的学历则更好；二是企业经历，不仅要了解行业企业的情况，有行业企业从事具体工作的经历，而且应该把了解行业企业，在行业企业挂职实践成为制度；三是育人履历，这是教师对教书育人职责的要求，是要求教师能够有丰富的育人工作的经验和经历。

2. 注重三项能力

一个教师至少要具备三个方面的能力：一是教学和指导实践的能力，不仅能教好一门或者两门课，而且要有指导学生具体做的实践能力；二是育人和指导职业生涯规划的能力，真正能做到教书育人，做学生的知心朋友，指导学生科学规划人生，实现人生科学和谐发展；三是科研和社会服务能力，教师必须充分利用自身优势，积极开展科学研究和社会工作，为行业企业、政府决策，为社会进步、企业发展作贡献。

3. 推进三方融入

要实现教师的成长和发展，以及为社会作贡献，必须积极创造条件：一是融入政府部门，提高服务决策能力。高等职业教育办学过程中，必须以政府为主导，因此了解政府的需求，研究政府的动向，必须成为高校的教师所关注。二是融入行业企业，提高服务社会的能力。高等教育发展必须以行业为依托，了解行业，服务企业，以行业发展为指导，应该成为高等教育发展的主旋律，作为学校干部和教师，应该切实把融入行业企业作为重点。三是融入科研院所，提高学术服务能力。高职教育是高等教育的重要组成部分，必须在加强职教性建设的同时，着力高教性建设，提升科研能力和水平，更好地为社会服务。

（三）推进高校师资队伍建设的具体举措

1. 政府重视

所谓政府支持，就是政府将建设一支高素质的高校教师队伍纳入政府议事日程，并推出相应的措施予以支持，比如实施学历提升计划、国际化能力提升计划等。这类计划必须在得到学校重视的同时，也得到政府部门的重视才得以有效进行，只有财政、教育、人事乃至党委组织部门将高校的教师培养纳入规划，并有积极行动，才有利于切实提高高校教师队伍的水平。

2. 工程推动

政府重视的直接措施至少有三个方面，一是专项投入；二是专项考核；三是工程推动。实践证明，专项投入、专门考核和工程推动三者相互结合，成效显著。

采用工程推动的办法，辅之以专门的财政投入和专项考核，会产生积极的效果，实践证明这是十分有效的。高校教师队伍建设的关键是参照这些机制，开展有针对性的工程推动方法来解决高层次教育师资问题。

3. 科学定编

高等院校的师资队伍需要解决的不仅有素质提升问题，还有结构优化问题、总量控制问题。结构问题和总量问题的原因是各方面的，规模发展快，师资总量增加不够快，专兼结合机制结合难等都是重要原因，对于高校来说，编制不足是一个普遍问题。近年来，高等教育实现了大发展，但高校在职教师普遍编制不足，这在一定程度上制约了师资队伍建设的发展。与此同时，由于高等教育实践性的要求，必须有一定数量的教师每年有一段时间或每几年有一段时间保持轮岗实习，由此可见，对高校教师的编制应该更宽松一些。

二、高校学术带头人的培养

（一）高等院校建设和发展需要学术带头人

1. 发挥高等院校整体功能需要学术带头人

高等教育的主要任务是培养适应社会主义现代化建设的生产、建设、管理、服务第一线需要的"下得去、用得上、留得住"的高素质、高技能应用型人才，注重学生能力的培养是高等教育的重要特征，也是贯彻以就业为导向的教育改革的重要内容之一。要培养学生的操作能力，教师本身的业务能力是前提，"能"师才能出高徒。所以必须全面履行高等院校的四大基本职能，在做好人才培养工作的同时，以知识贡献、社会服务等途径展示和提高自己。在高等师资队伍素质提升上，没有一定数量、具有较高水平和社会影响的学术带头人引领是不现实的，是难以实现高水平、高质量的高等院校办学目标的。

2. 提高高等院校教育质量需要学术带头人

高等院校实现人才培养功能、提高教育质量，必须加强师资队伍建设，形成一支素质精良、结构合理、数量充足的师资队伍，其中结构合理是十分重要的，它包括年龄结构、学科结构、专业结构、权威结构等内容。在此过程中，培养一部分理论造诣较高的学术带头人和实践操作能力较强的双师型教师对于优化师资队伍结构具有重要价值。如果没有一定数量的学术带头人，至少说明高校的师资队伍结构是不尽合理的，也难以实现高水平的教育质量，培养高素质的人才，引领高等院校科学发展的目标。

3. 加强高等院校专业内涵建设需要学术带头人

高等院校必须抓专业内涵建设，必须拥有一定特色和办学水平的学科，这是学校事业发展的必然要求。而专业和学科建设必须要有一定数量和较高质量的学术带头人来引领，通过学术带头人的引领，才会形成充满生机的专业建设格局，才能推动学院工作的全面展开。古今中外学校发展的实践证明：培养并切实发挥高水平的学术带头人引领作用对于形成有特色和水平的学科与专业具有决定性影响。

4. 提升高等院校社会形象需要学术带头人

高等教育不仅要培养人才，而且要服务社会。因此，院校必须要有一个良好的社会形象。我们可以这样说，许多社会人士发掘和研究学校资源，往往是从几个乃至一批学术带头人身上开始的，是从这一点出发来判断学院的办学实力和水平的；而能否承担科研和社会服务项目，也需要学术带头人来支持、组织和带领，其作用毋庸置疑。

（二）学术带头人在高等院校建设和发展中的作用

高水平学术带头人是学校的旗帜。一所学校拥有多少重量级的学术带头人，不仅是推动学校学术发展和教育质量提高的重要力量及宝贵财富，更是学校改革创新、彰显魅力的关键所在。

1. 组织作用

学术带头人眼光敏锐，能攻克难关，在学术研究中能够起主导作用，能够被同行广泛认同。因此，他们在学术研究中组织或开展较大课题的研究，依靠自身的学术影响力对学校其他教师乃至整个学校科研工作的开展起着引导和影响作用。这种影响力和组织力在许多情况下是教育行政部门和学校党政领导无法代替的，充分重视并积极创造条件发挥学术带头人的这种作用，对一所高等院校来说是很有意义、很有价值的。

2. 示范作用

学术带头人是一个个体，是教师队伍的一员。由于其科研能力较强，科研成果丰厚，一般都会得到同行的广泛好评。他们进行学术研究的经验对其他教师有启迪作用和影响作用，也有借鉴作用；他们往往成为其他教师学习的榜样，其成果、成功、成就对同行一般都具有良好的示范作用。

3. 激励作用

学术带头人的作用和工作业绩往往会成为其他教师新的工作参照目标，往往会提高其他教师的心理期待，促成其他教师的学术追求。在学术带头人的引领下，一部分上进心强的教师会感到上升的空间和追求的动力；一部分上进心欠缺的教师则会产生心理压力，如果转化积极效应，往往也会成为积极向上的因素，形成相互之间的"比、学、赶、帮、超"，带动整个教师队伍的提高、发展和成长，促进学校良好学风、教风、校风的形成。

4. 凝聚作用

有所成功或者说有成就的学校，一般都有一定数量的学科、专业和学术带头人。在学术带头人的旗帜下，凝聚和吸引着一大批教学研究人员，形成相对比较合理的学术分工，组成学术梯队，往往以研究所、教研室或院系的形式出现，形成正面合力。如果没有一个学术带头人，就难以凝聚一批学界青年精英，相应学科的发展势必会受到影响。学术带头人的存在、培养和提高往往会带动一个学科乃至一个学科群的发展，其凝聚人心、凝聚力量的作用不可小视。

（三）高等院校学术带头人的素质要求

作为高等院校的学术带头人，既要有一般高校学术带头人共同的素质要求，也要有与高职特点相适应的特殊要求。

1. 个人品德

学术带头人由教师中的高水平分子组成，必须具有良好的师德修养和内涵，要热爱祖国，热爱科学，忠于职守，为人师表。与此同时，学术带头人应有崇高的事业心和强烈的敬业精神，具有开拓创新和不怕困难、不怕失败、百折不挠的勇气，具有健全的人格和品德。此外，作为学术带头人还必须淡泊名利，立足奉献，具有为科学而献身的精神，为事业而奉献的精神，为团队而牺牲的精神。

2. 专业水平

学术带头人，顾名思义，就是在某一领域具有较深的学术造诣，能够发挥专业带头作用的人，因此专业功底扎实是最基本和最起码的素质。学术带头人必须对所从事的专业和学科方向有渊博的知识，对本学科前沿领域的发展有清晰的了解，同时也有宽厚的基础理论和不断学习、积极进取的习惯；有较强的科研水平与能力，能充分利用现代科学技术、方法进行学习、教学和科研。

3. 能力素质

对于学术带头人而言，创造性思维能力是最为重要的。当今是一个创新的时代，创新需要多种能力：第一，要善于思考，要勤学、多思、常练，会举一反三；第二，要有发散性思维，发散性思维对符合原则又高于现实的创造性能力而言尤为重要；第三，要有与自己研究领域相关的特殊技能与能力，这是形成富有个性的科研特色所必需的能力，这种能力为他们攻克科研难题提供了可能和条件；第四，要有人际交往能力，这是一个专业带头人能够在工作中与他人合作，形成和谐的人际关系，组织形成科研团队的重要条件。

4. 心理素质

作为学术带头人，必然面临一般教师所没有的心理压力。科研工作需要大量投入，但往往投入与成效没有形成正比关系，甚至投入未必有成效，理工科研究领域尤其如此。因此，作为学术带头人，必须性格开朗、心胸豁达，有稳定的情绪、积极的情感，能够在遇到外界变化和内心情感起伏时用理智控制情绪；身处顺境、取得成果时能戒骄戒躁，不断努力进取；反之，能百折不挠，充满乐观和自信，以坚强的毅力，努力争取最终的成功。

学术带头人也是有层次的，也是相对的，正因为这样，对其素质和能力的要求也是相对的。需要指出的是，专业带头人毕竟是少数，因此较高的综合素质是必需的。

（四）积极构建学术带头人培养机制

对于高等院校而言，推进学术带头人培养机制的建设，既要遵循一般规律，更要发挥积极性、创造性，形成自身的特色。

1. 高度认识学术带头人对学校发展的积极作用

对于高等院校要不要培养带头人的问题，事实上还存在着不同的意见和建议。不仅不同学校之间会有不同见解，同一学校不同领导人之间的见解也不尽一致，高度更有差距，力度更有轻重，强度更值得讨论。我们认为，作为一所高等院校，要快速实现办学升格、管理升级，要实现规范、办出水平，要提高质量、提升内涵，必须抓实专业、课程、办学条件、教风学风、师资队伍等基本建设，尤其把师资队伍建设作为重中之重，花大力量、用大投入、筑大系统，而学术带头人是其要件之一。

2. 通过选拔、培养的方式推动学术带头人队伍建设

对于一所学校而言，培养和造就一批学术带头人，首先要在统一认识的基础上，形成和制订明确的目标，即根据学院发展的不同阶段，提出不同的要求，找出相应的行动目标，并采用工程管理的方法加以实施和推进。

3. 以鼓励为主推动学术带头人的成长

学术带头人的培养需要考核评价，需要建立竞争、激励乃至淘汰机制。但是学术研究毕竟是一项艰苦的工作，在当今世界观、人生观、价值观多元的情况下，比较科学有效的方法是应该实行精神激励和物质鼓励相结合，政策扶持和考核评价相统一，即以鼓励为主，辅之一定的考核；以资助为主，辅之必要的评价；以创设条件为主，辅之相应的压力催生，从而为学术带头人成长创造宽松的成长条件。

4. 强化学术带头人的自豪感和荣誉感

学术带头人的工作具有高强度，往往不能取得立竿见影的效果，需要宽松的成长条件

和氛围、宽容的态度。作为一个单位尤其是单位的领导人一定要尊重人的个性，倚重人的德能，注重人的发展。以人为本，鼓励创新，允许试错，宽容失败，为学术带头人成长、发展和工作创造极好条件，崇尚和支持、鼓励成名成家，使学术带头人不仅有荣誉感，而且有成就感、幸福感。这样，创新、创造的成果会源源不断，成长之路也会更加平坦。

第三章　高校师资队伍管理建设

第一节　高校师资管理的本质

一、高校师资队伍的相关系统

如果把高校师资队伍看作一个系统，把外部环境看作一个系统，通过前面分析高校师资队伍管理面临和存在的问题，我们发现高校师资队伍系统与外部环境系统之间存在矛盾，因为矛盾的主要方面在于高校师资队伍的状态不能满足外部环境发展变化的需要，我们很难改变外部环境系统，所以应该从高校师资队伍方面着手解决问题。这里的高校师资队伍系统可以看作"人"的系统，系统要素主要是教师，这些教师存在于高校环境下，系统管理包括调配管理、薪酬管理、晋升管理、培训管理、考核管理、招聘管理等；也可将其看作知识的系统，系统管理包括知识输入（生产、加工）管理、知识传播（扩散）管理、知识创新管理、知识输出管理、自学习管理等知识活动过程管理。本书研究的目的在于提高高校师资队伍系统的整体性，包括要素种类、要素能力、要素数量、要素结构（机制、体制），影响高校师资队伍系统整体性的内在因素包括以下几种。

（一）关联性

组成系统的各个要素之间都是相互联系、相互制约的，系统中没有孤立的要素存在。这种特性反映到师资队伍中，可体现为各类教师是相互联系、相互促进、相互影响的。

（二）多样性

客观事物的联系是多种多样的，联系的多样性决定了系统的多样性，分析高校师资队伍这个系统，必须从它的组成成分、结构功能、相互联系的方式等多方面综合考虑。

（三）层次性

从教师类型上区分，高校教师可分为以教学为主型、以基础研究为主型、以应用研究为主型、以设计开发为主型等不同类型；从学术职务上分，可分为院士、特聘教授、教授、副教授、讲师等不同梯队；从年龄上分，可分为老、中、青等不同层次。

（四）动态性

系统总是发展变化的，构成高校师资队伍系统的要素如思想水平、业务水平、知识存量、工作态度、工作业绩等都是不断发展变化的，一名教师的工作经验从稚嫩到成熟，学术水平从低到高，都是动态性原则的具体体现。

（五）环境适应性

任何系统都存在于环境之中，与环境进行能量、物质、信息的交换，系统应具备调整的能力，使系统与环境在动态中相互适应。高校师资队伍系统应适应高等教育进入大众化阶段教育环境的变化。

二、高校师资队伍知识特征

（一）知识系统的整体性

教师知识系统的整体性是就知识构成的表现性质而言的，教师知识是理论知识和实践知识的统一，是不同性质、不同作用的知识的有机结合。理论知识呈外显状态，是教师专业发展及从事教学工作的"条件性知识"和"本体性知识"，而实践性知识通常呈内隐状态，是构成在教师的日常教育教学情景和行为当中的个人经验、观念和意识等，"它具有强大的价值导向和行为规范功能，指导着教师的日常教育教学行为"。在实际的教学、科研工作中，面对各种复杂多变的情况，教师必须及时作出针对性的反应，这种反应有的是教师从已经掌握的显性的理论性知识中寻找根据，更多时候是教师根据自己的经验、观念和意识等实践知识（隐性知识）作出判断与决策。

（二）知识获得的建构性

教师的知识是在实践活动中建构的，具有建构性。教师的知识来源和知识获取有多种途径与方式，理论性的学习、经验性的学习、实践性的反思是教师知识来源的基本途径，接受性学习和发现性学习则是知识获得的基本方式，实践性知识是通过反思等发现性的方式，把自己的经验上升为理性认识而获得或建构的。理论性知识虽然可以通过接受性的学习而掌握，但是任何理论性知识，特别是对有关教育知识中的理论性知识的学习，都不仅仅是单纯的接受性的记忆和记忆的重现，而是要通过教师自身的内化乃至重组才能够变成其自己头脑中的知识，才能够成为有实际价值的知识。

（三）知识产出评价的复杂性

由于高校教师主要从事知识活动，知识活动有很大一部分发生在人的头脑中。科研型知识员工在研究一个问题时往往整天都在思考这个问题，不只是工作时间。由此可见对高校教师的知识活动很难像传统产业那样按时长进行评价。

有的学校在教学评价时，根据教师的教学工作量和教学业绩点与薪资直接挂钩，这不失为一种尝试。但在作科研方面的评价时，比如教师晋升专业技术职务，所反映出的标准既有数量的要求，又有质量的要求。教师创造的显性知识相对易度量，而创造的隐性知识很难作出客观精确的统计。

（四）知识存量的动态性

教师需要不断更新、充实自身的知识。教师要能够随时获取新的信息、知识和成果，不断更新和完善自己的知识结构，同时也要通过反思性学习，不断体悟和总结自己的经验与理论，充实自己的知识存量，提升自己的知识水平。教师知识的动态性既是社会发展对教师专业发展的要求，也是教师自身专业成长的必然要求，更是教学、科研活动对教师工作的现实要求。教师只有不断更新自己的知识，才能适应科学技术飞速发展的需要，并且实现自身的成长和发展。

（五）知识员工的价值观多样性

高校知识员工与企业员工不同。近年来，高校教师的薪资待遇有所增长，但仍有部分增长幅度低于受同等教育的其他行业人员。尽管一些高校教师待遇与其自身价值相比还有不小的差距，但他们仍愿意留在高校，这说明高校知识员工所需要的不一定是物质上的需求，更多的是精神上的需求。

三、高校师资队伍知识管理的特征

（一）高校师资队伍职责与知识的关系

高校师资队伍是指在高校人员编制中属于教师编制的所有人员，包括：在教学岗位上以从事教学工作为主的专任教师，含学生思想政治教育教师；在科研机构主要从事科学研究工作的专职科研编制教师。高校师资队伍主要完成三部分工作：人才培养、科学研究和社会服务。

高校师资队伍管理从表面上看是对高校教师进行管理，但就自然人来说，包括方方面面的事情。那么对高校师资队伍进行管理需要管哪些方面呢？让我们从高校师资队伍的职责来分析。编制类教师主要负责教授学生知识，培养各类学生，包括专科生、本科生、硕士研究生、博士研究生，此外还对各类参加继续教育的社会人员进行培训。政治教育类教师主要负责学生的思想政治教育，使学生德智体全面发展，这类教师在所有三类教师中处于辅助地位。科研编制类教师主要负责科学研究、成果转化等工作。科学研究的实质是生产各类知识，包括基础理论知识、应用技术知识等。同时，通过科学研究工作还可以培养高层次人才。研究生的培养主要是通过做科研项目来完成的。高校师资队伍的三项主要职责是培养人才、完成科研项目和进行社会服务。培养人才主要是传授学生知识，完成科研项目主要是创造知识，进行社会服务主要是传播知识和创造知识。由此可见，高校教师工作的本质是从事与知识相关的工作。

对于"培养人才主要是传授学生知识"。教师编制类的教师一般都受过高等教育，具有一定的科学文化知识。他们将自己掌握的科学文化知识以课程的形式讲授给学生。通过教学方式传播的知识主要是显性知识。

科研项目可以分为基础研究和应用研究两大类。科研项目的研究内容主要由两种因素决定：一是科学家的个人兴趣；二是社会需求。科研项目的管理者是政府部门，所用资金一般来自国家财政拨款，承担者为各个领域的科研人员。科研项目一方面是针对某个或某些科研问题进行研究探讨，是一种知识的改进创新活动。与此同时，在科研项目的研究过程中培养了科研人才，对科研人才的培养主要是使这些人才的隐性知识不断增加。社会服务可分为完成科研项目和进行各类咨询，完成科研项目主要是创造知识，进行各类咨询主要是传播显性知识和隐性知识，为社会培训各类人才。

通过上面的分析可以看出，高校师资队伍主要是进行知识相关工作，高校教师本质是知识工作者。高校师资队伍建设的基本目的是生产知识、应用知识、传播知识和创新知识。高校师资队伍本身是掌握一定知识的具有特定作用的人才的集合，对于学校从整体上需要进行知识管理（组织知识），对于教师个人需要进行知识管理（个人知识），实现知识共享是高校师资队伍管理的主要目标。要对高校师资队伍进行管理，必须抓住知识本质，这样才能从根本上管理好高校师资队伍。因此，可以说高校师资队伍管理的本质是知识管理。

（二）高校师资队伍知识管理的本质特征

首先，高校师资队伍的知识管理是一个过程，是确定、组织、转化和利用知识信息资源和教师个人的智慧才能的过程；其次，高校教师知识管理的目的是建立起一个帮助教师学习和沟通知识的系统，高校教师知识管理的核心在于使教师有机会将显性和隐性的实践性知识转化成系统性知识且能相互传承与保存；再次，高校教师知识管理的最终目的是不断提高教师在知识社会的环境适应、知识创造、知识应用和不断学习的能力，寻求知识增值的有效方法，建立长期的发展能力；最后，高校教师知识管理就是要促使学校和教师不断地获取知识，使教师通过教学、科研实践不断创造出实践知识。

虽然，高校师资队伍管理还涉及许多其他方面的管理，如人事管理、科研管理、教学管理等。但是，所有这些管理都应该围绕知识管理进行，应该以知识管理为核心和主导，目的是高效地生产、创新和传播知识。

在当前高等教育大众化条件下，从知识管理的角度来考虑，大众化条件主要作用在知识管理过程中知识的传播与共享阶段。这是高等教育存在的目标，即让更多的人接受高等教育。高校师资队伍是实现这个目标的主力军，对高校师资队伍的管理要有利于大众化教育的实现。

第二节 高校人力资源管理及配置

一、人力资源管理理论

（一）人力资源及人力资源管理的概念

1. 人力资源的概念

目前国内外学者对于人力资源定义的认识和概括仍不尽一致，以下为现在比较有影响的几种解释：人力资源可以看作一定范围内人口总体所具有的劳动能力的总和，是指在一定范围内具有为社会创造物质和精神财富、从事体力劳动和智力劳动能力的人们的总称。人力资源也可以定义为被企业所雇用的各类人员劳动能力的总和。人力资源在宏观意义上的概念是以国家或地区为单位进行划分和计量的。在微观意义上的概念则是以部门和企事业为单位进行划分和计量的。虽然学术界对人力资源的界定并不统一，但究其本质，人们普遍认为，人力资源是人的劳动能力，是存在于人身上的创造社会财富的能力。

因此，人力资源可以定义为一定社会组织范围内人口总量中蕴含的劳动能力的总和。并非一切人力资源都是最重要的资源，只有通过一定方式的投资，掌握一定知识和技能的人力资源，才是一切资源中最重要的资源，并在财富的转化和再生产中起着举足轻重的作用。

2. 人力资源管理的概念

人力资本理论认为，人类的未来不是预先由空间、能源和耕地所决定的，而是由人类的知识发展来决定的。

科学技术是第一生产力，人力资源是第一资源，是最富有竞争力的资源，且已成为当今社会最重要的资源。由此可见，人力资源管理是第一位的工作任务。人力资源管理的含义可以理解为"运用现代化的科学方法，对与一定物力相结合的人力进行合理的培训、组织和调配，使人、物经常保持最佳比例，同时对人的思想、心理和行为进行恰当的诱导控制和调节，充分发挥人的主观能动性，使人尽其才，事得其人，人事相宜，以实现组织目标"。

人力资源管理的基本内容主要包括：职务分析与设计、人力资源规划、员工招聘与选拔绩效考评、薪酬管理、员工激励、培训与开发、职业生涯规划、人力资源会计和劳动管理。这几项基本内容相互之间是相辅相成、彼此互动的。

（二）人力资源管理和人事管理的关系

人力是资本，资本就要有研究开发和日常管理。现在很多组织将人力资源管理和日常人事管理混成一个部门来运作，虽然，日常的人事管理还可以正常运作，但是，人力资源管理不能得到正常发挥。人力资源管理要深入研究开发组织下一阶段所需人员，确定这些人员应该从哪里开发，如何将所需人员吸引到组织当中来。

人力资源管理与人事管理在关注员工素质，积极寻找有效的方式进行招聘选拔、培训、评估及激励等方面的基本立足点是相同的。所不同的是，现代人力资源管理已扩大了传统的人事管理的职能，即从行政的事务性的员工控制转为实现企业的目标，建立一个人力资源规划、开发、利用与管理的系统，以提高组织的竞争力。

人力资源管理和人事管理之间是一种继承和发展的关系，人力资源管理是对人事管理的继承，人力资源管理仍然履行人事管理的较多职能，同时人力资源管理的立场和角度又完全不同于人事管理，是一种全新视角下的人事管理。

人事部是任何一个组织都要必备的，它要完成组织的日常人事管理。人力资源部就不同了，人力资源部需要组织进入快速发展，为下一发展目标做人力储备，它要结合组织的发展目标、组织规模本身、人力资本的需求量而定，组织发展规模不同，人力资源部的工作量也不同。不同时期的组织，需要不同类型的人才。

要分析什么是人才，这个人才的潜能是什么，他将给组织带来什么。人力资源管理研究的就是人力资本的作用。人力资源管理如果不能做到为组织分析所需人才、所用人才，不能为组织储备人才，不知道人才的潜能是什么，不知道人力资本是什么，那么也就谈不上人力资源管理了。这项工作是复杂的系统工程，需要投入大量的人力和物力去运作。

首先要理解什么是人力资源管理，什么是人事管理。目前大部分组织将人力资源管理和人事管理混为一谈。人力资源管理不是人事管理，人事管理也不是人力资源管理，两者属于各不相同的职能部门。人力资源部是一个研究开发部门。人力资源部的职责是走在组织发展计划的前面，为组织下一阶段发展做好人才储备。如果组织需要人才时再现去招人，那只能称为人事管理，谈不上人力资源管理。由此可见，人力资源部是一个研究开发部门，人事部是一个行政管理部门，两个部门的职能是完全不同的。人力资源部的职责是把握组织下一阶段发展方向，研究组织下一阶段发展所需要的是什么样的人才，这些人才在哪里，如何将他们吸引到组织当中来。

（三）人力资本理论

人力资本理论的创始人是美国经济学家、1979年的诺贝尔经济学奖得主舒尔茨。他的人力资本理论主要包括以下内容：人的知识和技能被认定为资本的一种形式，称为人力资本。具体概括为以下几个方面：教育投资、医疗保健投资、劳动力迁徙投资。人力资本存量，对劳动生产率的提高和经济的增长起着越来越重要的作用。他认为，人力资源是一切资源中最主要的资源。人力资本理论是经济学中的核心理论。教育投资应以市场供求关系为依据，以人力价格的浮动为衡量标准。这就是说，各个时期对教育投资的多寡，对各大学专业投资的多寡，都必须遵循市场经济的法则。人力资本理论的创立对人力资源的开发产生了十分重要的积极意义。人力资本理论的贡献不仅在于计算出教育中的经济价值，更重要的是开拓了人类的思维，通过人力投资进行人力资源开发将惠及各国。通过对人的开发，培养高素质劳动力，能使资源得到更充分有效的利用，能通过利用其他资源克服某些资源的稀缺问题，能加速科学技术的创新和扩散，相对拓展资源的供给边界。人力资本理论使人看到，当代社会的经济增长已不再仅仅取决于物质资本生产力，还取决于人力资本生产力，这种共识促使人们越来越注重通过人力资本的投资来开发人力资源。

（四）人本管理理论

人本管理的核心即以人为核心的管理，它强调人在管理中的核心地位和作用，把人的因素放在首位。它要求管理者在一切管理活动中十分重视处理人与人之间的关系，充分调动人的主动性和创造性，把做好人的工作作为管理根本，使管理对象明确组织的整体目标、自己所担负的责任，积极主动地为实现整体目标努力工作。相关学者根据成员对组织的价值高低以及劳动力市场上的稀缺性提出的人才分类模型，对团队成员的角色进行区分定位，进而使团队成员达到职能相对应。

人才分类模型中的核心人才和独特性人才指的是高校科研团队中的学术带头人和学术骨干，而管理、服务人员则归为辅助性人才和一般性人才，成员角色不同，职责、管理方法也不同。总的来说，人本管理理论就是通过以人为根本的管理，在管理中充分考虑人的价值和自由，考虑人的情感、心理和社会关系等需求，进而最大限度地发挥人的主动性和能动性。

二、人力资源配置理论

（一）人力资源配置及配置机制的内涵

人力资源配置既是人力资源管理的起点，又是人力资源管理的终点，任何一个组织人力资源管理工作者所追求的目标，都是使合适的人干合适的事，人事相配，做到人尽其能、能尽其用、用尽其事、事尽其效。

人力资源配置可以看作按照一定的需要和标准将劳动力资源分配到社会生产及其他经济活动中予以使用的动态过程和静态结果。其基本内涵是：在动态过程方面，人力资源配置是与人力资源开发和利用相联系的一个重要环节；在静态结果方面，人力资源配置是为了实现一定社会生产力及满足其他经济活动需要而按照一定的需要和标准将劳动力资源调配的结果。

（二）人力资源配置的模式和层次

对于人力资源配置的模式和层次，我国专家做了深入的论述。其认为资源配置方式包含宏观和微观两个层次的含义。宏观层次上的资源配置是指资源如何分配于不同部门、不同地区、不同生产单位，其合理性反映于如何使每一种资源能够有效地配置于最适宜的使用方面。微观层次上的资源配置是指在资源配置为既定的条件下，一个生产单位、一个部门、一个地区如何组织并利用这些资源，其合理性反映于如何有效地利用它们以达到最大的符合社会需求的产出。这种资源配置层次理论用到高校人力资源配置方面，表现为：人力资源在高等教育系统内的宏观配置为高层次配置，人力资源在个别高校内部的微观配置为低层次配置；通过技术措施或内部的管理措施来实现资源利用效率的提高可以达到低层次的人力资源配置，而通常要涉及人才流动和宏观调控手段运用的人力资源配置为较高层次的人力资源配置。

从宏观角度来说，人力资源配置的模式比较有代表性的主要有以下三种：

第一种是计划配置，也称行政强制性配置，即依据有关职能行政部门制订的计划，按一定的比例分配劳动者，将人力资源配置到各部门、各机构。

第二种是市场配置，即通过市场机制，通过报酬杠杆互相选择，调节人力资源供求关系，实现劳动者与组织的相关配合。

第三种是计划与市场相结合的综合型配置，它是一定计划机制条件下的市场配置，或一定市场机制条件下的计划配置。

这三种人力资源配置模式是人力资源的整体配置，解决的只是劳动者与组织之间的配合问题。

从微观角度来说，人力资源配置主要有如下三种模型：

第一种是人与岗关系型，主要是通过人力资源管理过程中的各个环节来保证组织内各部门各岗位的人力资源质量。它是根据员工与岗位的对应关系进行配置的一种形式。就组织内部来说，目前这种类型中的员工配置方式大体有招聘、轮换、试用、竞争上岗、末位淘汰、双向选择等。

第二种是移动配置型，通过人员上下左右岗位的移动来保证组织内的每个岗位人力资源的质量。这种配置的具体表现形式大致有三种：晋升、降职和调动。

第三种是流动配置型，通过人员相对组织的内外流动来保证组织内每个部门与岗位人力资源的质量。这种配置的具体形式有三种：安置、调整和辞退。

（三）高校教师人力资源及管理的概念

1. 高校教师人力资源的概念

人力资本，是通过对人力的投资而形成的以人的高智能和高技能为基本存在形态的资本，表现为人的能力和素质。由于大学的功能是为社会培养和输送高素质的人才，由此可见，离开高素质的教师队伍，大学的这一功能就很难实现。

高校人力资源的范围较广泛，包括高校中从事教学、科研、管理和后勤服务等方面工作的教职工总体所具有的劳动能力的总和，而其中的主体是以其教学育人活动和科研创新活动所产生的重大社会价值为外显的教师。

高校教学科研人员在人力资源中属稀缺资源。在高校人员群体中，教学科研人员一般要经过长时间的锻炼成长，有一个不断学习与实践的过程，其中骨干人员往往需要更多的投入才能脱颖而出，之后才能成为高校教学科研人员中的先锋，也成为全社会人力资源中争夺最激烈的部分。因此，高校必须早做筹谋，有目的、有计划地发现人才、培养人才、引进人才，在动态过程中形成相对稳定的骨干队伍。

2. 高校教师人力资源管理的概念

高校教师人力资源管理主要研究高校教师人力资源管理活动的内在联系和客观规律，包含两层意思：一是高校教师人力资源管理有独特的管理对象。其管理对象为高校教学活动中的教师以及教师与组织、环境、事、物的相互联系。高校教师人力资源既在开发中提高，又在利用中增值，这种提高与增值，一方面促进人力资源的进一步提高与增值，另一方面又对其他物力资源继续开发的广度和深度、效率与效果起着决定性作用。二是高校教师人力资源管理有其客观的发展规律。

3. 高校人力资源配置的概念

高校人力资源的优化配置以高校自身的办学定位和发展目标为中心，以精简高效的学校组织框架为基础，优化人力资源组合，以最大限度地发挥人力资源在人才培养和科学研究中的作用。

由此看出，高校人力资源配置主要是：以学校的办学方向和发展目标为中心，以精简高效为特征的学校组织机构为基础；在精简高效的组织框架里，根据组成人力资源的各个个体的长处和特点，合理组合和调配人力资源；在合理组合调配的基础上，最大限度地发挥人力资源的作用，最大限度地使用人力资源，充分调动每个自然人工作的积极性。

第三节　高校师资队伍建设管理现状分析

一、高校师资队伍建设管理取得的成效

随着高等教育改革的不断推进和深入，高校获得了越来越多的办学自主权，高校之间的竞争也日趋激烈。各高校为了顺应高校发展的趋势，借鉴成功的办学经验，分析自身管

理过程中的问题，高校教师队伍建设不断革新。其中对高校教师队伍建设管理的改革是重中之重，高校教师的质量决定了高校的办学质量，这就要求我们加强教师队伍建设，完善高校教师管理体制。不少高校初步建立了吸引人才、鼓励人才、发展人才的良好制度环境，也取得了一些可喜的成绩。

（一）队伍数量逐渐增大

1. 队伍数量的重要性

不积跬步，无以至千里；不积小流，无以成江海。这句话告诉了人们量变和质变的重要关系，世间每一种事物都有一定的量，而这种量在达到一定程度后，必定会引发一个本质的变化。为了使事物达到质的飞跃，要求密切关注量的增长，在一点一滴的变化中积累转变的力量。教育从根本上说是做人的工作，是需要大量的人去做人的工作。在高校教师队伍建设中，充足数量的教师是高校教师队伍优化提高的前提，没有数量，就无所谓质量，没有足够的人才资源，实现目标就无从谈起。随着普通高等学校招生规模的日益扩大，对高校教师队伍数量的需求也越来越大，适度合理的数量增长显得尤为重要。为了打造一支更好的高校教师队伍，增加队伍数量是首要基础，提高队伍质量是必要保证。

2. 队伍数量的变化

随着高校教师队伍的大力建设，各高校不断引进优秀教师人才，扩大队伍规模，这在一定程度上缓解了高校教师缺口，相应减轻了一些教师的工作负担。同时，高校师资队伍也进一步年轻化，这在一定程度上带来积极影响，根据有关部门统计的结果，我国高校青年教师占专任教师的65%以上，青年教师为高校师资队伍注入了无尽活力。高校师资队伍发展潜力大、后劲足。

（二）师德师风明显好转

衡量一支教师队伍是否优秀，重要标准之一就是看教师是否具有良好的师德师风，没有师德师风，即使教师教学能力再高、科研水平再强，也不能成为一支优秀的队伍。

1. 师德师风的含义

师德，即教师的职业道德。相关文献中指出："师术有四，而博习不与焉：尊严而惮，可以为师；耆艾而信，可以为师；诵说而不陵不犯，可以为师；知微而论，可以为师。"为师之道不仅在于有渊博的学问，也必须具备高尚的道德。师风，即教师的风度修养。相关书籍中曾记载"文遥尝谓思道曰：'小儿比日微有所知，是大弟之力，然白掷剧饮，甚得师风'。"教师的风度对学生的影响是潜移默化、不可忽视的。教师在教育过程中扮演着很重要的典型示范形象，善良的教师才会培养出善良的学生，尊重学生的教师才会得到学生的尊重，因此，良好的师德师风是高校教师队伍所必备的。加强师德师风建设，培养"有道德情操"的高校师资队伍，是高校师资队伍建设的重中之重。

2. 师德师风的好转

根据全国大学生思想政治教育发展研究中心在大学生中开展的调研显示，大学生对当前高校各项工作是持认可态度的，并有超过八成的学生满意高校的师德师风建设，认为高校的改革是卓有成效的。这说明高校教师队伍的师德师风状况在持之以恒的建设中有了显著改善，总体是不断趋好的。同时，从源源不断涌现出的高校教师榜样模范中也能看出，高校教师队伍以德正身、以德施教的意识在逐渐提高。

（三）业务能力不断提高

每个职业都有一定的业务范围，业务能力强的人在处理问题时自然得心应手，高校教师队伍需要的就是业务能力强的人才。

1. 业务能力的内涵

业务能力是指从业人员在完成业务活动中所具备的综合能力体现，业务能力的高低与工作业绩的好坏呈密切的正比关系。高校教师作为一种特殊职业，有其特定的能力要求。合格的高校师资队伍必须具备的基本业务能力有：良好的教学能力，选取合理的教学内容、采用灵活的教学方法开展课堂教学，遵守教育教学规范，不断提高教学质量；突出的科研能力，积极从事理论与实践研究，能深入把握国内外教育教学、思想政治工作的前沿进展，不断探索真理；较强的社会服务能力，在做学问的同时关注社会发展，具有服务社会、奉献社会的意识，不断贡献个人力量。业务能力强的教师，才能更好地处理职业生涯中遇到的各种问题，才能更好地培养德智体美劳全方位发展的青年大学生，才能更好地参与国家、民族的改革复兴大业。

2. 业务能力的提高

在高校的培训和教师自我的努力下，高校教师队伍的业务能力得到了有效提高。长期以来，广大教师为教育事业付出了辛劳、奉献了力量、贡献了才智。有学者对某省市高校教师教学能力现状调查后发现，大多数教师对课堂教学的时间都控制得"比较好"或"非常好"，绝大部分高校教师能够将教学视为一个"双向互动"的过程，通过教学环节的精心设计，教学方法的优化改进，调动学生主动学习的积极性，并在教学完成后及时反思不足、总结经验。调研表明，在学生视域下高校教师在合作精神和科学研究等维度的能力较好，能够在完成教学的基础上积极进行科研。作为高校科研的中坚力量，绝大多数教师能够明白自身担负的责任，并主动承担科研任务，具备积极进取、刻苦钻研的精神，在合作交流中发现真知。通过高校教师队伍建设，绝大部分高校教师不再一心埋头教书、不问世事，而是能够依靠自己的学科知识为社会治理、国家改革建言献策，积极开展或参与社会调研，深入了解社会发展现状。

（四）科学研究贡献突出

科学研究为人类攻克了许多难关、创造了无数成果，没有科学研究，社会则无法向前发展。高校教师队伍是科学研究队伍中不可缺少的一员，高校教师队伍建设使教师越来越有创新意识，为科研贡献了巨大力量。

1.科学研究的目的

科学研究是指为了获得更多关于人类社会的知识以及利用这些知识去进行技术创新的创造性活动。中国若要屹立于世界民族之林不倒，必须成为世界科技强国，而这样的建设必须依靠科学研究和科技创新，同时一切科学研究和科技创新活动都离不开人这个最重要的因素，关键是要建设一支规模宏大、结构合理、素质优良的创新人才队伍，激发各类人才创新活力和潜力。高校教师队伍的科学研究主要是指教师撰写学术论文、承担科研课题、从事科研项目等活动，通过研究探索，为社会中的热点、难点问题提供理论上的指导，或为人类文明的进步提供创新性成果。高校教师队伍作为科研领域的生力军，承担着不容推卸的使命责任，提高高校教师的科研创新能力，有利于推进高等教育内涵式发展，加快"双一流"建设，为打造创新型国家添砖加瓦。

2.科学研究的贡献

国家科学技术奖旨在奖励个人或组织在科研领域的突出成绩，下设5个具体奖项，从2000年设立至今，已经有无数卓越的科学技术人员和组织获此殊荣。从获奖情况来看，主要完成人为高校教师的比例令人欣喜。35项国家自然科学奖获奖项目中有24项的主要完成人为高校教师，49项国家技术发明奖获奖项目中超过七成都有高校教师参与，2项国家科学技术进步奖特等奖项目中均能看见高校教师的身影。38项国家自然科学奖获奖项目中超八成的主要完成人为高校教师，49项国家技术发明奖获奖项目中超七成都有高校教师参与。他们都以自己的贡献在科学研究领域留下了浓墨重彩的一笔。由此可见，高校师资队伍在科学研究领域中取得了优异的成绩，能以己之长为国效力。

（五）教育工作法制化程度提升

改革开放至今，我国已经先后召开了三次全国教育工作会议，我国教育工作不同时期面临的重大问题都得到了妥善解决，同时也为我国高校教师队伍建设和发展树立了任务目标。第一次全国教育工作会议成功解决了教育体制改革问题；第二次全国教育工作会议明确提出"建设一支具有良好政治业务素质、结构合理、相对稳定的教师队伍"；第三次全国教育工作会议确立"优化结构，建设全面推进素质教育的高质量的教师队伍"。党的十八大以来，党中央出台了若干高校师资队伍建设相关政策，为高校教师队伍建设管理提供了方向与指引。这些无不表明我国教师队伍的管理与建设，正逐步迈向现代化。

20世纪90年代初，我国高校普遍掀起了以人事制度改革为核心的管理体制改革的浪潮。国家先后颁布了相关人事改革制度等文件。这些文件的颁布，标志着我国人事制度改革进入了新的历史时期，而高校的人事制度也在这一个时期得到了深入发展，深化高等学校人事制度改革的指导思想和目标，也为高校教师管理的改革与发展提供了强有力的组织保障和政策支持。随着人事制度改革的深入推进，高校的管理工作也取得了许多成绩。

二、高校师资队伍建设管理存在的问题

（一）教师队伍的道德素养有待提高

高校教师不仅要有过硬的专业素质，更为关键的是要有较高的思想道德素养，因为教师的任务已经不仅仅简单地为学生授业解惑，更为重要的是还得对学生进行思想道德培育，使他们不仅在能力上而且在思想上能成为一名合格的人才。另外，全国范围内关于加强教师思想道德素质的培训并不多见，并且缺乏统一的道德评测体系，因此，怎样提高高校教师的道德素养也将是个难点，所以在以后相当长的时间内，我们必须在加强师德教育和监督体制上下功夫。

（二）教师队伍结构尚不够合理

高校师资队伍整体结构依据现实情况不断调整，逐渐朝着更加稳固的方向迈进。但随着新形势新情况的出现，队伍整体结构也暴露出一些不尽合理的地方，需要有针对性地加以改善。就年龄结构来说，我国高校师资队伍中低龄教师比例明显偏高。青年教师虽然能给队伍带来活力，但同时青年教师中缺乏大批骨干，导致队伍中坚力量不足，使新老骨干教师的交替变得没有那么顺畅，在一定程度降低了高校师资队伍的贡献值。虽然高校教师学历层次逐年有所提高，但仍低于高校对高学历教师人才的需求值，这一现象在非重点院校中尤其明显，这些院校在招聘时甚至出现招不到博士的情况。就职称结构来说，有学者依据中国教育年鉴的统计数据对近几年全国高校专任教师的职称结构进行了比较，发现具备正高级职称的人才比例基本在40%左右，将近60%的教师都仍是初、中级职称，这说明高校教师队伍的职称结构还有很大进步空间。就学缘结构来说，部分高校中一定比例的

专任教师或辅导员都来自本校毕业生，学缘类别单一。不尽合理的队伍整体结构，要求在新时代高校师资队伍建设中合理扩大规模，培养青年骨干，提升学历和职称层次，同时广纳优秀人才、优化学缘结构。

（三）高校师资队伍专业水平参差不齐

近年来，伴随着高考人数的逐年增加，我国高校的招生人数也在不断上涨，学生数量的激增，导致了高校教师人数的相对不足。为了化解这一难题，我国高校也不断地从不同的途径招收人才充实现有的教师队伍。新招收的教师，有的是刚走出校门的大学生，有的是任职其他院校的教师，有的是高薪引进的海归博士，有的是返聘德高望重的老教授。由于招收的来源不尽相同，他们的教学水平必定参差不齐：刚毕业的大学生教师，由于教学经验的缺乏，在实际的教学工作中肯定无法做到旁征博引，必然导致理论与实践的脱节；其他院校转聘的教师，具有丰富的教学实践经验，但是由于不同院校具备不同的专业特色，这也导致在任职初期，这些教师有可能无法把握专业教学的重点；海归人士眼界比较开阔，也能专注于此专业国内外研究的难点和热点，并且他们在双语教学中占据明显优势，但是他们也有自己的缺点，他们有可能按照海外的教学方法和教学理念去理解学生，这就有可能导致师生的沟通障碍。此外，在本学校原有的教师队伍中，也存在部分的教师知识结构单一、知识构成不完善的情况，并且明显缺乏进取意识，这一切无不表明我国高校教师队伍业务水平亟须提高。

（四）高校教师人才流失严重

目前，高校教师的流失问题在发达地区和一些重点高校中有所改善，但是就全国大部分地区而言，高校教师人才流失问题不仅没有得到妥善解决，而且有愈演愈烈的趋势。这种人才的流失表现在两个方面：一方面是显性的流失，由于高校的教师收入水平总体偏低，收入的反差使高校教师进退两难，经济层面的限制，更导致高校教师产生巨大的心理落差；另一方面是隐性的流失，一些动手能力强，科研能力突出的高校教师，由于教师待遇低，发展空间狭窄而把主要精力放在第二职业，从而间接影响了本职工作，这些显性和隐性的人才流失，都很大程度上影响了高校教师队伍的建设。此外，教学和科研的结合也存在很大问题，当今高校教师的任务与以往相比有了很大的改变，高校对教师的要求更加全面严格，高校教师在完成自己本职的教学任务同时还有一定指标的科研工作，这对很多的高校教师来说，是一个严峻的挑战，这就要求高校的3教师不仅要有过硬的教学能力，还必须具备一定的科研能力。在我国的教师队伍中存在着这样一种"二律背反"：有的教师具备很强的专业知识，而且能够把自己的专业知识很好地传授给自己的学生，但是在科研方面就相对欠缺，而另外一部分人科研能力突出，但由于语言及沟通能力的不足，导致其无法准确及时把自己掌握的知识很好地传授给学生，这"两极"看起来无法兼容。当今的社会要求高校教师能很好地兼顾教学与科研工作，两个方面的发展缺一不可，因此，如何更好地实现高校教师教学与科研工作的有机结合，是我国高校师资建设面临的又一重大问题。

（五）师资管理不到位

1. 管理理念落后

目前，我国高校的人事制度虽然得到了一定程度的改革，但是高校教师队伍管理理念却并没有形成"以人为本，以教师为本"的现代高校人力资源管理理念。长久以来，我国高校教师队伍管理强调的是"进、管、出"，对高校教师的选拔、培训、考核制度尚不完善，在具体的管理过程中具有主观随意性，严重打击了高校教师的积极性、创造性和主动性。

2. 教师岗位职责设置不合理

教师不仅是高校的必要资源，而且是最重要的资源。相对于其他资源而言，它之所以最重要，是因为教师是活的资源，是生产力中最活跃的因素。学生的成长并不是靠某一个或几个教师，而是由具有一定内在结构的教师群体共同施教的结果。一定内在结构的教师群体的存在只是高校人力资源的客观组成，其群体能量的发挥还需要相应的运行机制。

如果说岗位是一种存在的话，岗位职责就是这种存在的表现形式。一个组织或系统内的所有岗位的岗位职责相加，就构成了该组织或系统的发展目标。组织的目标是不同部门不同岗位的工作任务和目标的协调和统一。岗位职责是不同岗位所要完成的工作任务或工作目标，也是对不同岗位进行考核的依据。

（1）教师岗位基本履职和责任不明确、不够细化。第一，岗位说明书和岗位任务书中对教师岗位职责的规定不够细化，各级岗位职责过于宽泛形同虚设，对不同岗位的职责细化分解不够科学合理，从而导致岗位职责不清，在这个岗位上的工作人员不知该干什么或什么都不干。第二，存在岗位职责设置不合理的现象，不同岗位的岗位职责的设置应该根据学校或学院的总体目标进行具体的细化分解，从而科学合理地制定出各级岗位的岗位职责，这样设置的各级岗位的职责既能明确各级岗位的职责与目标又能保证学校或学院整体目标的实现，从而保证学校的各项工作朝着既定的目标前进。教师对于自身在学科发展与团队建设中要完成的任务也就更加明确。

（2）教师职责缺失。人才培养、科学研究和社会服务是高校教师职责的三大职能。教师的职责应根据高校职能进行细化，这样才能使教师的发展与高校的发展协调统一。虽然一直倡导教师具有教学、科研和社会服务三大职责，但是现实中却只看重教学和科研，尤其是科研。这一方面是因为教师没有充分认识到自身的主要职责，另一方面是因为现有的高校教师考核评价制度片面强调对科研的评价，在一定程度上起着误导作用。不管是教师职称的评审还是岗位的竞聘主要看教师的科研成果（学术论文的发表、学术著作的出版、国家课题的获得等）。有的教师甚至不想代课，认为从事教学会影响科研，而教学在职称评审和岗位竞聘中占的比重并不大，从而忽视了教师最根本的职责。教学、科研、社会服务三大职能相辅相成，其中科研是三者的中心，要用科研来带动教学和实现社会服务，不能将三者割裂。这种一味地看重科研、轻视教学、忽视社会服务的现象是畸形的、不正常的，必须采取具体可行的措施进行改革。

3. 高校教师评价机制不科学

（1）重科研评价，轻教学质量的评价，而忽视社会服务的评价。全面考核评价体系尚未形成，现在对教师的考核评价主要集中在两个方面：一看其科研成果，二看教学质量，而对教师是否参与社会服务并不看重，只作基本要求。在这三者中，很多高校最看重的是教师的科研能力和科研成果，因为在教学上付出再多的劳动，其效益是无形的，很难具体衡量，而科学研究的成果和收益则是非常具体的，容易衡量。对于教师的教学质量并没有硬性的要求，只要教师能完成这一学期学校规定的教学任务，就可以很轻松地通过考核，至于上课的质量、敬业精神、奉献精神、工作的创造性，并没有明确的要求。各高校在人力的投入、经费、设备的安排，劳动报酬和收益的分配上倾向于科研，忘记了教书育人才是教师工作中的核心内容。因此，对科研成果的考核便成了对教师考核的重中之重，这间接反映出我国高校的考核指标主要针对科研水平。从而忽视教学质量导致高校教师评价机制不科学。由于评价的结果直接和教师职位的晋升和福利的发放相挂钩，这样就使教师工作的重点转移到了课题的申报、论文的撰写上，教学只要完成学校规定的任务就行了，不用考虑教学内容的创新、教学手法的改进等问题。因为如果将大量的时间投入到教学上，那么用于科研的时间就会减少，这很可能意味着失去职称晋升的机会。这样一些深受学生喜爱、教学成绩突出的教师常常由于发表的论文数量没有达到考核标准而落聘。如果不能合理安排、科学组织、正确引导，在政策导向上继续这种偏差，就极易导致科学研究冲击教学工作、影响教学质量，出现重科研轻教学的现象。

（2）考核指标过分量化，重数量而轻质量。现在许多学校的绩效考核都是通过量化的考核指标体系来考核的，存在着过分量化、标准化的倾向，片面强化评价指标的量化作用。量化评价虽有客观、精确、易于操作等优点，但这样的考核方式仍然存在不足。第一，只侧重教师共性的东西，不能兼顾教师的个性。第二，只强调科研成果的数量，科研成果的水平难以量化。第三，教师的事业心、责任感、学术思想、治学态度以及教学风格等无法量化。这些不足使教师们追求科研的数量，从而忽视了质量要求，重科研而轻教学。

（3）考核体系不够完善。第一，考核内容不科学，过分重视科研成果。目前高校教师评价的主要指标是教师在规定的时间内发表的论文或著作的数量以及在一个学期内要完成的课时数，而对社会服务的考核几乎没有涉及。这就导致高校教师将主要精力用在科研上，而不是想着如何把学生教好。片面强调科研的评价方式，使高校教师忽视了教书育人才是一个教师应该履行的基本职责。第二，考核内容很笼统不够细化。以往的评价在追求所谓的"科学""客观""一致"的过程中忽视了教师的个体差异，对所有教师使用统一的、唯一的考核指标，没有考虑不同类别的教师的不同要求，以及他们自身的专业特长，这样就挫伤了一部分教师的积极性，严重损害了他们自我潜能的发挥。对所有的科目也使用相同的考核指标，没有考虑不同学科的学科特点，以及不同科研条件导致的科研成果、教学效果的不同，所有学科都是用相同的考核指标，这样无疑打击了处于不利条件的教师的积极性。第三，缺乏分级分类管理。由于我国高校规模大，教师人数众多，许多高校就采用一套考核标准对所有教师进行考核，没有重点，不分对象。这样的考核评价制度不但加重了考核的工作量，使考核流于形式，还打击了一些教师的积极性。有些高校虽然对教师分了层次，但往往只重视高层次人才，对于新进的年轻教师缺少重视，导致学校发展后劲不足。因此，必须对高校教师进行分级分类管理，对院士、正教授、副教授、助教以及兼职教师进行分类考核，充分激发他们的积极性。

（4）"人情"因素对考核的影响。在对教师绩效考核过程中"人情"因素有着巨大的潜在作用。中华民族是一个情感特别充沛的民族，这受中国几千年的传统文化的影响，中国古代的诗、词、歌、赋，就证明了这一点。但当这种情感过度运用到管理当中的时候，就变成了一种情感泛滥。因此制定严格的高校教师考核评价程序，尽可能地排除"人情"因素的影响，尽量做到客观公正。

4. 高校教师激励机制不完善

薪酬是指职工因完成工作而得到的内在和外在的奖励。内在薪酬是职工由于完成工作而形成的心理思维形式。

（1）薪酬设计不科学，不够细化。我国高校近几年一直扩招，学生的人数和学校的规模不断扩大，今后相当长的时期内，教学仍将是学校工作的重心。而科研成了目前各高校竞争的关键，很多高校在处理教学和科研之间的关系时，无法实现两者的平衡，往往顾此失彼，高校在考核评价、职位晋升、奖励时，往往以科研成就为主要考核对象，而教学往往不被重视，对于社会服务就更不在考核之内，由此形成了"重科研轻教学"的现象。一位教师如果在核心期刊上发表一篇文章所得到的奖金比上一年课的课酬还多，而且在教师职称评定上也有关键性的作用,因此,许多教师寻找各种理由来逃避上课,许多优秀教师都放弃教学去从事科研,教学质量严重下滑是必然的。

(2)薪酬设计缺乏公平性。高校内部工作人员的身份可以分为行政人员、教师和后勤人员等。一项关于湖南省某高校的调查结果表明,教师的平均绩效工资水平高于学校行政人员的岗位津贴,然而60%的教师人均绩效工资水平低于学校行政人员的平均岗位津贴,这充分说明教师的绩效薪酬相对不平衡,存在两极分化现象,从而导致薪酬激励缺乏公平性。一个学校特聘教授的名额是有限的,特聘教授的名额总数仅仅占教师总数的6%左右,被选为特聘教授的教师就可以享受学校提供的岗位津贴,同时他们又获得了带研究生的资格,这样他们可以就会获得较高的课酬和指导薪酬等。而大多数教师从事本科教学,课酬往往比较低。这样就形成了极少数教师拿很高的薪酬,而大多数教师工资水平较低的两极分化的局面,影响了大多数在一线教学的教师的积极性。

(3)薪酬结构不合理。教师的薪酬主要包括国家规定的基本薪酬和绩效薪酬,绩效薪酬就成了教师之间差异的关键,所以绩效薪酬对激励教师有关键性作用。如果教师在工作中的付出以及取得的成就获得客观公正的评价,并且获得应有的报酬,那么教师就会更加努力,把更多的时间和精力投入到工作中。然而,在现实的高校中绩效薪酬所占的比例非常小,不同岗位、不同职称、不同专业教师的绩效薪酬没有拉开差距,这就削弱了绩效薪酬的激励作用。教师的课酬比较低,每个教师每个学期的课时安排也相差不大。同时,学校也没有根据市场的供需关系对不同专业的薪酬做出相应的调整。

(4)激励方式单一,缺乏科学性。当前我国高校在激励教师方面主要通过物质激励,大都与增加个人收入和提高个人待遇有关,认为高校教师的激励就是靠物质投入,而忽视外部激励方式。近年来,为了引进更高层次的人才,各高校纷纷开出了优厚的待遇,对做出重大贡献的教师给予重奖。虽然物质激励在教师激励方式中占有重要地位,但是仅仅依靠物质激励这种单一的方式,其效用是极其有限的,不可能达到预期应有的效果。高校教师作为高级知识分子,物质激励对他们而言是远远不够的,良好的生活与工作环境,先进的科研条件和发展平台是众多教师注重的条件。但是目前我国高校民主管理尚不完善,管理人员与教师缺乏沟通,这都不利于激发教师工作的积极性。

三、制约高校教师队伍建设管理的主要因素

制约高校教师队伍建设管理的因素是多方面的,既有社会环境因素,又有国家主导因素,既有学校管理因素,也有教师自身因素,主要包括高校师资人才面临社会的巨大竞争、师资队伍建设投入的相对不足、传统的人事管理理念与模式仍占主导地位、教师管理法律

制度尚不完善、对教师专业自主发展不够重视、管理者忽视了教师所承受的巨大压力、缺乏人文关怀的校园环境等。

（一）社会环境因素

我国的人力资源虽然在总量上在国际很有竞争力，但是由于有限的财力和教育力量，促使我国在人力资源上面临这样一个问题：人力资源丰富但是具备高素质的人才却很缺乏，由此可见，我国现在亟须解决把丰富的人力资源转化为高素质的人才，建设真正的人力资源强国。

"科教兴国"提出至今，"尊重知识，尊重人才"成为人才培养的重要口号，我国高校教师的社会地位和实际收入有了极大提高。面对人才竞争的国际化趋势，我国亟须通过制度创新，建立规范有序的人才交流制度，有序良好的工作环境。

（二）政府主导因素

1. 师资队伍建设投入的相对不足

高校的建设各个方面必须协调发展，师资队伍建设的投入必须跟上时代的步伐。某著名教育家曾提出"师资是大学第一要素"的观点，没有一流的教师队伍，再高的大楼也造就不了一流的大学，由此可见，国家应该把师资队伍建设投入放在重要地位，加大对人才培养、师资的培养，使我国的教师队伍不仅具备高精尖的专业知识，还具有十分深厚的文化底蕴。近年来，我国已经加大了对教师队伍建设的投入，但是相对于其他投入，还是略显力度不够，这些投入的不足，直接造成我国高校师资建设水平提高缓慢。此外，高校教师的工作条件相对较差，很多高校缺乏教师交流、备课的地方，不利于教师的取长补短；有的没有实验室，或者实验室设备不足，不利于科研工作的进行，这些都在一定程度上制约了高校教师积极性的发挥。

教师队伍建设的投入不足，不仅表现在国家要加大高校教师队伍投入，还应该包括社会的投入，社会的投入在高校教师建设中理应发挥着更为重要的作用，全社会应该树立"尊师重道"的风气，只有整合社会资源为教师队伍建设提供动力，才能真正实现教师队伍建设的跨越式发展。只要国家真正重视高校教师队伍的建设，相信不久的将来，我国必将建设一支具备高水平的专业技能、又具备高尚师德风尚的高校师资队伍。

2. 教师管理法律制度供给不足

教师管理法律制度供给不足可以分为形式性供给不足和实质性供给不足。前者是指由于没有制定相应文本形式的管理制度或规范而形成的制度供给不足。

法律制度供给不足不仅体现在高校教师管理制度不健全方面。实际上，我国高校教师管理虽然建立了一些管理制度,但是总体上看还不够健全。这主要表现为:首先,教师的招聘录用缺乏严格的资格审查和考试考核制度;其次,岗位责任制和福利制度不够普遍;最后,教师培训教育制度没有完全建立起来。法律制度供给不足还体现在教师基本权利的保护不充分。根据法律规定,高校教师依法享有财产权、劳动权、人格权、知情权等基本权利。然而,由于高校教师管理过程中存在着一些人治化的行为,这些行为会对高校教师的合法权益造成伤害。

(三)学校管理因素

1. 传统人事管理理念与模式仍占主导地位

目前的很多高校都是在计划经济时期建立和发展起来的。当时的学校基本上都是采用行政命令式的管理模式,学校根本无法实现自身的自治,教师管理更是如此。随着时代的发展与人本化、柔性化管理思想不断传入,教育管理者逐渐开始关注人本化管理,希望能为教师提供更多更广泛的权利和发展空间,为教师创造更多参与管理的条件。然而实际情况并不理想,传统人事管理理念仍占主导地位,传统的经验模式和量化模式也依然存在着。

在传统人事管理理念的主导下,管理者在管理过程中坚持以事为中心,甚至一些人事管理人员只重视传统的人事工作。他们认为高校发展的"瓶颈"是资金短缺,没有意识到真正的"瓶颈"是缺乏高素质的教师队伍,也就没有把教师管理与教师队伍建设放在战略性位置。受传统人事管理理念的影响,管理者在实际工作中习惯于做管理性工作,缺乏服务意识,常常采用的是等人上门的被动工作方法,忽略了主动参与式的工作方法。管理者满足于做好静态管理,缺乏主动研究精神。在经验管理模式下,管理者常常凭借着自己的经验来管理教师,教师管理的组织结构也不是很规范,部分职能部门的工作比较被动,它们仅仅充当着上传下达的角色而没有根据实际情况创造性地开展工作。这种经验管理模式给我国教育管理造成的最大弊端就是决策的随意性大,学校管理者凭主观意愿所做出的某些决策往往会造成教师工作积极性不高。而量化模式强调的是管理过程标准化。虽然量化模式能够实现从经验向规范化、制度化的转变,但是它过分强调标准化和统一化,容易导致教师工作变成以分数定量的机械划分,缺乏创造性,从而阻碍了教师的个性发展,淡化了管理的培养人才功能。在传统的管理模式中,还缺乏灵活的人才管理机制。管理者习惯于用行政方式来管理高校,忽视了对高校的文化功能和学术功能建设。这使得高校教师的学术权力得不到应有的尊重,也严重削弱了教师参与意识,还阻碍了教师的主观能动性的发挥。

2. 对教师专业自主发展不够重视

所谓教师专业自主发展，是指在教师专业发展过程中，要突出教师本人的自主意识与主动性，实现教师专业发展的多元性、差异性及创造性。也就是说，要让教师自觉主动地参与到其专业发展过程中来，充分发挥其自身的积极性，提高教师自我专业发展的意识，增强教师自我生命活力，最后产生对教师专业的满足感和自豪感。而在现实生活中，教师专业自主发展的重视程度不足够，这主要体现在几个方面。

教师专业自主发展的观念还没有普遍采用。目前我国高校看待教师专业发展的主要观念是外在调控式的发展观，即行政管理机构对教师的发展进行整体的规划，并对其进行强制性培训。这种教师发展观念导致教师参加培训的目的不明确，甚至一些教师将培训视为上级主管部门安排的任务。近年来，虽然随着教育改革的不断深入，校本发展观念已经逐渐发展起来。但是由于各地教育水平和教育条件的差异，校本发展难以全面推广，教师专业自主发展的观念仍需广泛宣传。

政策倾向性不强。多年来，教育改革的重点始终是提高教学质量。教师管理行政机构并没有对教师专业发展给予足够的重视，教师管理行政机构没有制定出更多激励教师开展自主发展的相关政策，包括教师专业自主发展的方向、进程以及教师职位、职称等方面的对应措施。再加上专业发展的理论研究不够深入。这就容易造成教师专业发展的具体措施和制度缺乏实用性，实践措施和效果不突出。

3. 缺乏人文关怀的校园环境

在高校教师管理过程中，行政管理机构与管理者应该为高校教师营造良好的人文关怀校园环境。人文关怀的校园环境不仅能使教师陶冶情操、寓教于乐、增进教师之间的理解和友谊，而且还能帮助教师培养以校为家的思想理念。

（四）教师自身因素

1. 教师本身没有重视教师专业自主发展

在教师专业发展过程中，教师的主动性、能动性决定了教师专业发展的程度和方向。然而很多高校教师还没有引起重视。一方面教师对自主发展的要求不高。部分教师对专业发展的态度不够积极，没有意识到自主发展是人的本质力量的集中体现，没有致力于专业发展的创新性和独特性。这就严重影响了教师的发展积极性。另一方面，教师缺乏自主发展的信心。部分教师对专业自主发展前景没有持乐观的态度，他们满足于现状，对自身的专业发展没有积极的要求和想法，这主要是因为教师的自主意识和自我调控能力还没有形成。正是因为对教师专业自主发展重视程度不够，才会影响教师的积极性，进而使其产生职业倦怠，也不会重视教师的培养，难以发展教师的个体差异性。

2.教师队伍收入水平不高

高校教师从事着世界上最高级的脑力劳动，他们承担着教书育人的使命，科技的发展，知识的更新首先反映到教师队伍的身上，相对于他们的工作，理论上他们应该获得更高的收入回报，但是实际的情况却相反，高校教师收入水平相对于其他行业，并不是很高，由于经济发展的不平衡和其他一些现实的因素，高校教师的收入水平还呈现分布不均的状况，差距明显，教师的收入水平不仅影响教师的生活水平，也是影响教师队伍素质提高的重要因素，因此国家理应重视教师队伍收入的提升。

3.高校教师承受着巨大压力

在高校教师管理过程中，高校教师承受着巨大的压力。这些压力主要包括以下几个方面。

第一是教学压力。高校扩招以后，学生人数不断增加，学生素质也有较大差异，教师在大课堂上很难兼顾每一个学生的需求，在教学过程无法与学生之间做必要的沟通和交流，也难以获得及时的信息反馈。这种情况下高质量的教学效果也就很难保证。长此以往，教师一般会将教学效果差归因于自身能力低，这样就容易产生失败感、挫折感，也会对自己的工作产生厌倦情绪。同时，教学课时量与教师收入挂钩，也成为教师的教学压力之一。这导致有些教师为了挣钱而忽略教学效果、忽略个人专业素质的提高。在现有状态下高校教师疲于应付，被功利和浮躁困扰着，进而疲惫不堪，失去进取心和求知欲。

第二是科研压力。高校教师比一般教师的科研压力大很多。在高校，职称评定与专业技术考核都离不开科研成果。为了职称与考核，高校教师在完成相当教学工作量的同时，还要付出更多的精力与时间进行课题项目的科学研究、撰写论文。而发表论文的等级、课题项目的级别、出版社的知名度等都是很重要的，都直接关系着教师的晋升和经济利益。这就会使教师心理及精神产生双重压力。如果在年末考核述职时科研成果不如别人，教师也会在相互比较时略显难堪，甚至会产生自卑感。

第三是教学评价带来的压力。不完善的评价体系往往会给教师带来巨大的压力。评价体系中，学生对教师的评价是决定高校教师教学水平的主要指标。虽然有参考标准，但是大多数学生是凭着自己的主观情感来作评价的。他们很少考虑教师的工作态度、知识的严密性与系统性、学科的差异性等，反而更加关注课堂形式。因此，学生的评价有的时候缺少公正性。评价指标大多数是量化、单一的，很难全面地反映教师的实际情况，容易忽视教师的个体差异性。在学生评价以后，学校管理层会采取一系列诸如排名、奖励与批评、末位淘汰制等措施来公布评价结果。这些措施很有可能扼杀部分教师的主观能动性和创造性。

　　第四是教育改革引起的压力。随着社会的发展，教育也进行相应的改革。在教学改革过程中，教师需要协调现有的教学程序与实践和改革内容之间的关系，还要协调现有的期望、要求与改革目标之间的关系，必须重新分配工作时间以满足现有的要求和革新的要求。废除职务职称终身制滞后，竞争上岗给教师增加动力的同时也带来了压力。最后是社会认识与期望导致的压力。在社会公众的心里，教师应该具有蜡烛精神、春蚕精神，他们应该为了学生和工作牺牲自己的生活。这样的传统观念也会给高校教师带来消极的暗示。社会认为教师为人师表，应该具有完美的人格。为此，高校教师常常无意或有意地压抑和否定自身的正常需求，也会产生对自己不切实际的过高期望。

　　由此可见，高校教师所承受的压力是多方面的。这些过大的压力都是不利于高校教师身心健康，不利于教师的个性化发展。如果管理者忽视了教师本身承受的过多压力，就会引发高校教师管理中的各种问题，进而导致管理过程中人本化的缺失。

第四章 高校师资队伍专业能力建设

第一节 教师专业能力发展内涵及特征

一、教师专业能力相关概念

在研究教师专业化内涵前,有必要先界定"职业"和"专业"的概念,以及职业与专业的关系。

(一)职业的概念

从词义学的角度分析,"职业"一词是由"职"和"业"两字组合而成的。"职"字包含着责任、工作中所担当的任务等意思;"业"字包含行业、业务、事业等意思。相关汉语词典将"职业"解释为个人在社会中所从事的作为主要生活来源的工作。

对于"职业"的学术定义,各种不同学派的专家和学者着眼于不同的研究目的,从各自不同的立场出发阐述了对于"职业"的不同理解,比较有代表性的是社会学家和经济学家的观点。

1. 社会学家对职业的定义

美国社会学家在其撰写的相关书籍中指出:"职业的社会学概念,可以解释为一套成为模式的与特殊工作经验有关的人群关系。这套成为模式的工作关系的结合,促进了职业结构的发展和职业意识形态的显现。"

美国某社会学家认为,职业是一个人为了不断取得个人收入而从事的具有市场价值的特殊活动,这种活动决定着从业者的社会地位。日本社会学家认为,职业是某种一定的社会分工或社会角色的持续实现，因此包括工作、工作场所和地位。

我国学者综合以上观点，将社会学的职业含义概括为：第一，职业首先是一种社会位置，个人取得这种位置的途径可能是通过社会资源的继承或社会资源的获取。但是，职业不是继承性的，而是获得性的，是个人进入社会生产过程之后获得的。第二，职业是已经成为模式并与专门工作相关的人群关系，或者说是已经成为模式的工作关系的结合。它是某种从事相同工作内容的职业群体。第三，职业同权力密切相连。一种是拥有垄断权，每一种职业（群体）的社会分工，都有自身的位置和作用，是别人对他们的依赖，对他们的需要，这就在一定程度上拥有了对他人的权力，而且总要维持这种权力，保持自身的垄断领域；另一种是经济收益权，任何一种职业（群体）凭其被他人所需要、所依赖，获得经济收入。第四，职业是国家授予和认可的。

2. 经济学家对职业的定义

日本劳动问题专家认为，职业是有劳动能力的人为了生活而连续从事的活动。国内有些学者认为，所谓职业，是指人们从事的相对稳定的、有收入的、专门类别的工作。职业是人的社会角色的一个极为重要的方面。另有学者给职业以如下定义：职业是劳动者足够稳定地从事某项有酬工作而获得的劳动角色。

经济学上的职业概念更强调职业的经济特殊性。人们从事某种职业，必定从中取得经济收入。换言之，劳动者就是为了不断从中取得收入，才较为稳定、长期地从事某一项社会分工，从事该项社会职业的。没有经济报酬的工作，即使其劳动活动较为稳固，也并非职业。经济学家同时也认同，职业是一种社会活动，是社会分工体系中劳动者所获得的一种社会劳动角色。

3. 职业的特征

虽然社会学家和经济学家对职业概念的分析各有侧重，但他们都涉及了职业的三个最重要的特征。

一是经济特征。从个人角度看，人们从事特定的职业，必然从职业劳动中获得经济报酬，以达到满足自身生存和发展的需要。因此可以说，职业是个人获得经济收入的来源，是个人维持家庭生活的手段。从社会角度看，职业的分工是构成社会经济制度运行的主体，职业劳动创造出社会财富，从而为社会的存在和发展奠定了物质基础。

二是社会特征。职业本身就是社会发展的产物，每一种职业都体现了社会分工的细化。社会成员在一定的社会职业岗位上为社会整体做贡献，社会整体也以全体成员的劳动成果作为积累而获得持续的发展和进步。

三是技术特征。任何一个职业岗位，都有相应的职业要求，而要完成职业岗位的职责要求，必须具有特定的知识和技能。所有的职业岗位都对任职者的学历证书、职业资格证书、专业技术考核证书、上岗培训合格证、专业工作年限等有具体规定，只有达到职业岗位的起点要求才能上岗。

综上所述，我们可以为职业下一个比较全面的定义：职业一般是指人们在社会生活中所从事的、以获得物质报酬作为自己主要生活来源并能满足自己精神需求的、在社会分工中具有专门技能的工作。

（二）专业的概念

专业，目前有两种意义上的理解，一种是教育学意义上的，主要指学科分类，如中文学科专业；另一种则是社会学意义上的，指专门职业。本书的"专业"则特指后一种。

1933年，国外社会学家在他们的研究并撰写的相关书籍中，首次为专业下定义。他们认为："所谓专业，是指一群人在从事一种需要专门技术的职业，是一种需要特殊智力来培养和完成的职业，其目的在于提供专门性的服务。"

对于专业内涵的认定可以概括所有观点，即专业具有八大特征：1.有极重要的社会功能；2.有相当的工作难度及复杂的技巧；3.工作者常需解决新的问题；4.需有一套在工作时的道德守则以自律；5.需要长时间的学习，并且只在高等学府中或在相同的水平上才进行学习；6.工作者必须有若干决策自由，以应付常规以外的事态；7.工作者要有严谨的组织，以制定工作之应有标准，包括工作条件及应负之责任；8.由于受较长时间训练及负相当责任的影响，故其享有的社会地位及待遇，都比一般职业要高。

（三）职业与专业的关系

通过对职业和专业的概念分析，从社会分工与职业分类的角度看，职业是人赖以生存的社会分工，是谋生的手段；专业又可称为专门职业，是社会分工、职业分化的结果，是社会分化的一种表现形式，是人类认识自然和社会达到一定深度的表现。专业高于职业，专业更强调从业人员的社会责任感和社会服务精神，而职业只是一种谋生手段。职业的本质在于"重复"某一个行业的基本操作行为，并不需要过多的"心智"劳动。专业的本质却在于不断改进、完善和创造。一般来说，从事专业化劳动的群体多为脑力劳动者。他们需要一定的专业知识、专业技术、专业理论、专业素养和专业精神。

（四）教师专业化与教师专业发展

1. 教师专业化

教师专业化的基本含义包括：第一，教师专业化既包括学科专业性，也包括教育专业性，国家对教师任职既有规定的学历标准，也有必要的教育知识、教育能力和职业道德的要求。第二，国家有教师教育的专门机构、专门内容和措施。第三，国家有对教师资格和教师教育机构的认定制度和管理制度。第四，教师专业化是一个发展的概念，既是一种状态，又是一个不断深化的过程。

2. 教师专业发展

一般来讲，按不同的构词方式，汉语中的"教师专业发展"可有两种理解：一种是"教师专业·发展"，按这种构词方式，"教师专业发展"可能被理解为教师所从事的职业作为一门专业，其发展的历史过程；另一种是"教师·专业发展"，按这种构词方式，"教师专业发展"则被理解为教师由非专业人员成为专业人员的过程。从现有的研究文献来看，研究者一般是采用后一种构词方式来理解的。

3. 教师专业化的联系与区别

"教师专业发展"与"教师专业化"这两个概念，在不同的研究文献中，研究者的理解是不同的。研究者较为统一的认识是，"就广义而言，两个概念是相通的，均用以指加强教师专业性的过程。当将它们对照使用时，主要可以从个体、群体与内在、外在两个维度上加以区分，教师专业化主要是强调教师群体的、外在的专业性提升，而教师专业发展则是教师个体的、内在的专业性的提高"。

"教师专业化"更多的是从社会学角度加以考虑的，"教师专业发展"则更多的是从教育学的维度加以界定的。从"教师专业化"到"教师专业发展"，不仅仅是一个概念的变化或话语的转变，还反映了教师专业发展过程中的两个转向，即由教师群体专业化转向教师个体专业化和由教师被动的个体专业化转向教师积极的个体专业化，即教师专业发展。

"教师专业化"体现的是一种教育思想或思潮，是一种教育制度；而"教师专业发展"则包含的是一个教师的成长过程，是一种具体的实践过程。

二、教师专业发展的内涵及特征

（一）教师专业发展的内涵

国内外对教师专业发展的理解多种多样，但归纳起来主要有三类：第一类是指教师的专业成长过程；第二类是指促进教师专业成长的过程（教师教育）；第三类认为以上两种含义兼而有之。我国学者倾向于把教师专业发展理解为教师专业成长或教师内在专业结构不断更新、演进和丰富的过程。

教师专业发展主要指教师个体专业性发展，是教师作为专业人员，从专业思想到专业知识、专业能力、专业心理品质等方面由不成熟到比较成熟的发展过程,即由一个专业新手发展成为专家型教师或教育家型教师的过程。

(二)教师专业发展的特征

一是过程性。教师专业发展是一个过程,职业专业准备、入职专业辅导和在职专业提高都是教师专业发展过程的必经阶段。

二是专业性。教师专业发展是最后逐渐符合专业标准,成为专门职业并获得相应的专业地位的过程,是职业趋近专业的过程。

三是发展性。教师专业发展是一种积极的、持续的发展,是从职业新手到专家的趋势,而不是消极、间断向下的变化状态。

四是立体性。教师专业发展有不同侧面和不同等级,包括专业理想的建立、专知识的拓展、专业能力的发展和专业自我的形成等专业维度的具体内容。

三、高校教师专业发展的内涵及特征

(一)高校教师专业发展的内涵

通过上述对教师专业发展概念的探讨,可以推演出高校教师专业发展的内涵。从教师个体内部维度探讨,高校教师专业发展主要指高校教师个体专业性发展,是高校教师作为专业人员,从专业思想到专业知识、专业能力、专业心理品质等方面由不成熟到比较成熟的发展过程,即由一个专业新手发展成为专家型教师或教育家型教师的过程。从教师个体外部维度探讨,高校教师专业发展则是促使高校教师成为专门人员、提高其专业地位的过程,其目的在于使高校教师职业成为专门职业,即以高校教师职业的专业标准为依据,通过一定的措施和手段促使高校教师从非专业人员或半专业人员转变为专业人员的过程。

(二)高校教师专业发展的特征

一是教育性。教育性是教师职业的根本属性,是所有类型、所有层次教师专业发展必须具备的属性。高校教师的专业发展必须建立在教育性的基础之上。这就要求高校教师必须掌握一定的教育教学知识,并能够运用相关知识解决教育实践中的问题,以符合教师职业的基本要求。

二是知识性。高深、专门知识的教与学是高等教育的主要活动,作为高等教育其中一种类型的高职教育自然也具备这一特征。高校教师虽然不像研究型大学教师那样主要以探索未知知识为目的,教学中不是主要传授那些"处于已知与未知之间的交界处"的知识,但其传授的知识、研究的内容仍是一般人所不能企及的。因此,高校教师应该具备一定的

"高深、专门知识",以符合高等职业教育"高等性"的要求。

教育性是教师职业的本质规定,是教师职业区别于其他职业的根本属性;知识性是高等教育教师职业区别于其他层次教育教师职业的根本属性;职业性是职业院校教师也是高校教师区别于其他类型学校教师的根本属性。其中,作为类型特色的职业性又决定了教育性和知识性要具备职业性的特征,因此,教育性、知识性和职业性三者的交集才是高校教师专业发展的方向。

第二节 教师专业发展的国际比较

一、国际教师专业发展的特点

在本节,通过对美国、英国、法国、德国、日本及其他个别发展中国家的教师专业发展特点及相关影响因素和趋势加以分析。

(一)美国教师专业发展的特点与影响因素

1. 特点

美国教师专业发展最首要的特征就是系统性。教师专业发展将联邦和州的教育目标、责任、课程机构和课堂实践等,在实践层面上,制约于政府、教育决策者、教师、学生、家长和教育研究人员等。除此之外,教师专业发展还受到社会和教育等方方面面的影响,专业发展的系统化也使职前、在职教师教育与教师专业发展相互交错。在深层次的探讨上,美国教师专业发展更体现为美国学校教育实践的革新和教育体制的完善。

美国教师专业发展理念,经历了从传统向现代模式的转换。最初,美国教师专业发展的理念非常模糊,实践混乱。随着时间的推移,美国教师专业发展以规模的扩大、内容的深化、评估标准的多元化为关注重点,形成清晰、连贯的模式,各方共同打造了系统的、有规划的教师专业发展理念。美国教师专业发展也从关注成人的需要和满意度,转变为关注学生的需要和学习结果以及教师工作中的变化。

美国教师专业发展虽在政策上获得了支持,有关团体和组织的报告建议众多,涉及美国教师专业发展的课程、教学、教师素养、学校等方方面面,在初期也使实践受益匪浅,但后期就出现了"以报告代政策、以口号代行动的倾向",造成了行动远远滞后于言语的现象，这成为降低美国教师专业发展效率的原因之一。

2. 影响因素

连续的政策性建议和报告为教师专业发展提供了强大的支撑。最早可追溯到1986年的相关报告，该报告为美国教师专业发展的物质保障、内外环境、教师队伍、教师专业水平、教师奖惩和教师组织建设等提出了许多好的建议。之后，20世纪80—90年代的相关报告提出了美国教师专业发展的许多设想和建议。1996年指出，教师的专业知识直接影响到核心教学任务的完成。1999年召开的"教师质量大学校长高峰会议"集中讨论了大学在增强教师教育上的重要性。2000年的鉴定和认可教师教育机构的相关条例，强调了教师候选人所能展示的学科知识及将这些知识教授给学生的技能。

多类型的教师组织推动了美国教师专业发展。诸如美国全国教育协会这类的职业性利益集团，美国教学和未来委员会等由基金和公司资助成立运作的常设的非营利性机构，还有全国的、独立的师资培育认可机构，如全国师范院校资格审鉴委员会这类比较权威的组织。此外，全美教学专业标准委员会等组织也在促进美国教师专业发展方面推波助澜。

社会文化心理影响了美国教师专业发展进程。长久以来，教师所处的地位夹在普通职业和专门职业之间。时至今日，教师的工作条件、工资水平、福利待遇和社会声望，也不如医生、律师和建筑师等职业有吸引力。美国师范学生从事教育行业率很低，源于公众对教师职业认可度的低下，这也影响了美国教师专业发展的进程。

（二）英国教师专业发展的特点与趋势

1. 特点

一是师资培育培训形式和内容多样化。英国教师在职培训在时间上分为全日制脱产培训、部分时间制的半脱产培训和业余不脱产培训，内容涵盖课程学习与编制、学科会议、专业讲座、研讨会、示范观摩课、展览活动、参观等。长期课程有学位课程和证书课程等，长期课程与提升教师学历和骨干教师的教育科研能力相关。短期课程则与教学实际需求相关。形式上，英国的教师培训系统呈现多元化，有师徒制、阶段式、流动等系统，从而多途径、多渠道、多形式地培养师资队伍。

二是强调教师专业发展的一体化。教师成长的整个历程，将职前和在职教育相结合，强调职前和在职教育的衔接和过渡，英国教师职前培养与职后培训由同一机构实施。入职第一年有针对职业不适情况的培训，第二年和第三年有鼓励早期专业发展的资助计划，充分体现了教师职业生涯理论，有效促进了教师在整个职业生涯中的专业发展。

三是注重教师在实践层面实现专业发展。"实践导向"极其强烈，这不仅受英国历史因素影响，也受到了国际范围内教师专业发展思潮与理念的深刻影响，并延续到当今的工作中。在评估、管理、考核、绩效等维度的实践中，采取多种措施，促进教师专业向纵深发展。

四是加强国家对教师专业发展的引导。英国是没有政府干预教育的历史传统的。但随着近年来英国在教师教育方面的控制和督导，政府秉持"重实践、重业绩"的理念，改革教育教学制度的力度极其大，这促进了英国教师教学实践能力的提升，促进了教师专业发展。

2. 趋势

英国教师立足实践，以业绩为基准的同步改革教师评估制度等配套措施，旨在通过整体革新，激发教师专业发展内生动力，并为其创设有利的外部条件。此外，英国教师专业发展的重点是从关注群体专业化到关注个体专业化。目前，英国教师专业发展呈现从被动专业化逐渐走向教师主动专业化的趋势。最后，英国教师专业发展在面临阻力的情况下，能秉持包容并蓄的传统，找到平衡各方利益的突破口，坚持改革。

（三）法国教师专业发展的特点与影响因素

1. 特点

法国教师专业发展是教育内部激烈的碰撞。建立大学教师培训学院，将对各级各类教师的教育指导集中到一个机构。改变以往根据所受教育类型和学历划分教师等级的情况，消除各种各类教师之间的天然屏障。但随之而来的是各级各类培养培训理念、教法等多方面的摩擦逐渐凸显。

法国教师专业发展自始至终得到了连续的政策支撑。法国是具有中央集权传统的，多年来，法国政府颁布了多项有关教师专业发展的法令，法国教师专业发展科学地进行，政府对教师专业发展的理解逐渐明晰起来。

法国教师专业发展轻实践，重理论。法国教师培训中，基本教育理论与教学法等理论课程占总课程的比例相当大，所占比例较小的教学实践也存在着严重的教学与实践脱节和形式化、机械化的问题。

2. 影响因素

教师群体两大团体的理念不同极大影响了教师专业发展进程。"全国小学教师工会"这一代表专业人士利益的专业组织与代表学术界利益的"全国中等教育工会"，在专业文化取向上迥然不同。前者倾向于教学法，后者则强调系统严格的理论知识。大学教师培训学院的建立尝试对两者的观念进行调和，但事与愿违，引起了很多非议。

热心教育的传统影响教师职业的发展。法国一直有着浓厚的尊师重教氛围，民众对教育的关注度极高。法国规定教师属于国家公务员。教育工作者在法国拥有着丰厚的薪酬福利待遇，终身不失业等极大的保障。法国的教育财政预算开支也非常高，这都极大地促进了法国教师专业发展。

（四）德国教师专业发展的特点与趋势

1. 特点

德国教师专业发展呈现"三个阶段""两个形式""各州自治"的特点。"三个阶段"即修业阶段、见习阶段、进修阶段。"两个形式"即按基础学校、主要学校、实科学校和完全中学等不同的要求培养教师，还有就是根据初等教育、中等教育第一阶段和中等教育第二阶段等不同的教育阶段，分别培养教师。

培养师资的课程兼顾理论与实践。培养师资的课程要求师范生必须修读两门执教学科，为毕业后进行教学打下坚实基础。此外，培养师资的课程里强调教育学、教育心理学、专业教学法等教育学科课程的学习，促进教师专业理论水平的提升。尤为重视师范生的教育教学实践，在修业阶段、见习阶段、进修阶段都安排了不同时间的见习，还硬性规定修业阶段毕业后进行为期两年的见习期，以便师范生能顺利适应一线教学实践。

德国教师专业发展在各方面体现"尊师重教"。德国教师都是国家公务员，领取公务员的固定工资，到达一定年龄还可以领取养老金，因此吸引了大批优秀人才从教。故而其可以对报考师范专业的学生进行严格的入学筛选、职前训练、入职考核和职后再培训等，又反过来促进"尊师重教"氛围的进一步沉淀，形成良性循环。

2. 趋势

德国教师专业发展的趋势集中体现在强化专业化培训和把培训模式改为发展模式上，令师范生对执教学科的深度与广度、传统、理论结构、知识结构、关键概念、用途功效、研究前景有切实的了解。此外，进一步引导师范生分析与反思执教学科的目标、条件、过程和结果，掌握教学计划、设计、实施和评估方法，知悉课程开发与改革等；培养学习情境构建能力、教学组织能力、教学技术应用能力、了解学生能力、认知社会能力等；加强师资培养与见习阶段的衔接；在学历层面，进行学士和硕士两级的改革试验。

（五）日本教师专业发展的特点与趋势

1. 特点

日本围绕经济中心进行师资培养贯穿教师专业发展的整个历史，决定了日本教师专业发展的内在连续性。在迅速发展经济而培养人才的理念下，日本师资培养民主化、开放式的改革旨在服务经济发展，在这样的大背景下，教师专业发展亦如此。20 世纪 60 年代开办九年制的工业教师培训所，充分证明了这一点。

日本教师专业发展以制度化和法律化为主要特征。教师专业发展方方面面都渗透了法律制度的规范，日本教育立法实行分权制，严格的立法程序使日本教师专业发展的教师地位、待遇、师资培养方式、课程设置、教师资格、教师考核，甚至具体到请假、津贴和补助等都有具体化的规定，也使日本教师专业发展有法可依，规避了政府和个人权力对教师专业发展的干涉。

日本教师整体专业化水平较高。教师专业团体自主性加强，某种程度上促进了教师资格制度与认定制度的完善。日本政府历年来都运用命令方式对待教师进修，实施的各种制度措施使日本教师专业发展起点高、保障好。

2. 趋势

一是以人为本。20 世纪 90 年代，日本政府已经意识到以经济发展为中心给教师专业发展带来的负面影响，此后日本的教师教育改革，逐渐注重教师个性能力的发挥和完善人格的培养。

二是教师教育"开放化"。20 世纪 90 年代在修改的相关教师法律和三次教师教育咨询报告都提到，让教师教育的组织形式和设置内容更加灵活多样。例如筑波大学面向 21 世纪的改革期望打破以往整齐划一的、刻板机械的教师专业发展模式，创设一种区别于以往的面向社会、面向世界的开放的教师教育。

三是教师能力的个性化。长久以来，日本社会对学历的过度重视，使日本教师专业发展过程中出现了忽视从教的实践能力的倾向，极大地削弱了教师个体发展的专业情意与能力。针对这一问题，20 世纪 90 年代后期的三次教师教育咨询报告就充分证明，日本政府清醒地看到了上述不足，在促进教师能力的个性化发展方面已经有所举措。

（六）个别发展中国家教师专业发展的特点与趋势

1. 重新认识教师的作用，赋予教师专业含义

在印度和埃及，教师一度受人敬重，但后期教学成为一种职业后，教师便失去了在这些国家的神秘性。但在这些发展中国家的国家独立与经济建设中，因整个社会教育程度不高，而教师阶层具有较高的文化素质，故政府逐渐认识到教师的重要性。埃及政府认为教师不仅仅是一般的职业劳动者，还是社会变革的促进者。个别国家政府更提出了教师会起到重建社会秩序、消除社会不公和促进国际合作的作用。

2. 教师教育从侧重数量到追求质量

印度、埃及和巴西等发展中国家的教师队伍都具备了一定规模，还在逐步扩大，但入职门槛过低使教师队伍良莠不齐。城乡区域间的师资分布不均衡影响了教育发展，故近年来许多发展中国家开始关注教师的教育质量问题。如巴西就有针对性地采取举措，以解决职前与职后教育质量、稳定的聘任制、教师工资和职业政策等问题。

3. 重视农村教师的发展，使教师教育地方化

印度、埃及和巴西等农业大国，面对农村教师数量少和质量差的状况，采取了多种措施。首先，加强城乡教师的交流。其次，提高教师的生活待遇和社会地位。最后，培养本地化的教师。如印度开发了一种将教育学针对当地文化的教学方法，使教学具有了多元性，从而构建教师反思所处环境、理解周遭政治经济文化环境的反思性教育。

二、各国教师专业发展的借鉴与启示

（一）提高政府、学校、教师三个主体的专业化发展意识

纵观国际教师专业发展经验，在地方政府缺少教师专业化发展压力和动力的情况下，中央政府自上而下地推动应是最有效的手段。如果没有来自中央政府的考核评估，很难设想各级政府在教师专业化发展的认识上会有大的提高。由此可见，国家应该在法律、激励机制等方面明确地方政府在推进教师专业化进程中的重要责任。各国也都在适度增加学校和教师在教师专业化发展方面的动力与压力。

学校如果没有经济上的支持，没有外在的压力，是不可能致力于教师专业化发展的。这种外力，主要包括国家法律、政策、教育行政部门管理和评价制度等。政府应根据教师专业化发展的需要，改革和完善对学校的考核评价体制，促使学校提高专业化意识并承担起必要的责任。

对于广大的普通教师来说，学校可通过考核制度、奖罚措施形成一种强大的压力，激励、推动教师向前走。当然，学校如果能够促使教师主动参与到专业发展中来就更好了。因为，对教师来说，内部的动机远比外部的压力更具有发展动力。所以，教师个体是否具有自主发展意识、能否做到主动发展才是实现其专业发展的关键。

（二）增加法制制度、资金两大支撑

深化教师教育体制改革，健全教师专业化的法律、制度，加快教师教育一体化进程是教师专业发展过程中的必要支撑。教师的专业发展是一个终身的过程。众所周知，教师职前培养的功效是有限的，它只是教师专业发展的起点。在科技、经济迅速发展的今天，国

家应以教师教育一体化的观念整合教师培养和培训工作，从教师专业终身发展的整体需要出发，规划培育目标，设置课程系统，改革评价方法，建立系统的教师培训制度，让其成为惠及大多数教师的大工程。调整目前教师教育的专业结构，重建适应课程综合化和多样化要求的专业，加强实践环节，延长学制，兼顾学科专业学习和教师职业训练，提高教师的专业化水平。健全教师教育法律制度，在已有的相关教师条例等基础上，今后还需制定和实施更为完善的评估、鉴定等方面法律制度，不断健全教师专业化法律制度，促进教师教育与教师资格认定、教师专业能力标准的紧密衔接，保障教师专业化的顺利推进。完善教师资格制度。随着教育改革的深入，教师聘任必须引入竞争机制，建立与市场经济相适应的用人机制。此外，教师资格的门槛设置不宜过低，让教师这一职业的专业化程度具有社会地位，受到社会的尊重。

改革经费投入机制，创设教师专业化发展的良好环境。任何一个专业发展程度高的职业，都是以相当高的经济回报作为支撑的。只有这样，才能吸引大量的优秀人才从事这个行业，才能促使从业人员不断地提高自身专业水准。过去，一提到提高教师的地位，就想到提高教师的工资待遇，其实这种提高不但有限，而且与教师专业化发展也不具有直接关系。因此，今后国家需要改革经费投入机制，设立面向广大农村中小学教师的职后教育专项经费，并在时间上保证教师脱产进修培训的机会。

第三节　高校教师专业能力的构成及培养途径

一、高校教师能力的构成及发展现状

（一）教师能力构成和教师教学能力构成

我国学者自 20 世纪末开始对教师能力进行研究，主要将教师能力的构成划分为三种类型，即种类构成、维度构成、领域构成。种类构成是指将教师能力视为一个由若干种子能力级构成的整体，它包括不同种类的能力，如教学能力、班级管理能力、教学设计能力、反思能力等。教师能力的维度构成是指从不同平行维度对教师能力进行分析，将教师能力划分为一级能力、二级能力和三级能力等。其中，教师的一级能力是指教师的基本认识能力、系统学习能力、调控与交往能力、教育教学能力、拓展能力等；教师的二级能力是指

观察能力、注意能力、记忆能力、想象力、思维能力、自学能力、组织管理能力等；教师的三级能力则是指教学内容的组织加工能力等。教师能力的领域构成是从高校、教育、教学和教师个人等不同领域需求方面对教师能力进行的划分。

从教师能力构成来看，无论从哪个角度对教师能力构成进行分析，教师教学能力均为教师能力构成的重要内容。高校教师教学能力作为高校教师能力的重要组成部分，主要包括教学设计能力、教学沟通能力、教学实施能力、教学反思能力、教学评价能力、教学学术能力等内容。

教学设计能力，是高校教师教学的基本能力和核心能力，教师教学设计能力是将对教学内容的理解、对学生学习情况的理解作为基础来设计教学进程的总体、设计教学方法、采取何种教学组织形式的能力。教师教学设计能力包括教师对课堂教学目标的设计能力、教学内容和教学方法的设计能力、教学手段的设计能力以及教学模式和教学策略的设计能力等。教师教学设计能力能够体现高校教师教学能力。高校教师教学设计能力作为高校教师基本的、关键的能力，教师通常在其中融入自身对教学的理解，并体现高校教师教学的独特风格和个性特色。

教学活动中存在两个主体，即教师和学生，高校教师在进行教学活动中必须与学生进行互动，了解学生所需，才能更好地设计教学内容和教学方法，提升教学效率。高校教师教学沟通能力，主要指教师在教学活动中与学生进行有效沟通并且达成共识的能力。教师与学生在课堂上的有效沟通是师生和谐关系建立，推动教学活动发展的重要途径。

教学实施能力是实现教学目标的中心阶段的关键能力，教师教学活动的效果均需依赖教学实施活动，教师在实施教学活动时需要对教学活动策略进行选择，使教学方法和教学手段更加适合学生。例如，近年来，随着教师教学改革的进行，许多教师在教学实施过程中摒弃了"满堂灌"的传统教学方法，而是在教学中使用案例或其他教学方法，丰富和活跃课堂氛围，从而达到提升课堂教学效果的目的。

教学评价能力是指教师在教学活动中按照多元目标和多样方式对学生的教学效果进行评价。高校教师教学中，教师常采用定性和定量相结合的方法对学生进行评价。这种综合性评价方式不仅可以对学生在学习中的表现进行评价，还可以对学生的未来学习效果进行评价，有利于教师针对学生的学习特点进行有针对性的教学设计。由此可见，教师教学评价能力在教学活动中起着十分重要的作用，是高校教师教学必备能力之一。

教师教学反思能力是指教师在教学过程中对自己的教学行为、教学方法和教学决定等进行客观审视、判断和分析、整合的过程。教师教学反思能力包括教师的自我反思能力、教学反思能力、德育反思能力、生活反思能力、课程资源开发反思能力等。高校教师教学中的教师反思能力通过从学生、教师自身寻求问题，可以协助教师在教学活动中对自身的行为做出准确判断，并通过调整不断提升教学效果。

高校教师教学学术能力是指高校教师的学术能力和教学能力的融合，教师教学学术能力是高校教师的一种独特教学能力，中小学教师或幼儿园教师大多不具备这一能力。教学学术能力不仅对教学问题进行了阐释，还使用特定的教学方法对教学问题进行研究，并在实践中运用研究成果，或将教师的教学学术研究成果与其他教师进行交流，并从中汲取经验。

综上所述，教师能力构成存在多元化特点，从不同角度划分可以分为不同构成，其中教师教学能力是教师能力的关键，在教师教学效果的提升方面起着极其重要的作用。

（二）高校现阶段教师专业化发展现状

我国高校现阶段的教师专业化发展中存在着发展观念不合理、发展制度偏向科研、教师专业化发展受壁垒制约等特点。

1. 高校教师专业化发展观念不合理

高校教师专业化培养需要花费大量时间和精力，研究表明，培养一位专业化的大学教师，一般来说，本科生需8~10年，硕士需5~7年，博士要2~4年。然而，当前我国高校教师专业化发展观念存在不合理现象，出现了教师专业发展和教学发展之间的疏离。一些高校教师在取得了硕士学位或博士学位之后，在教师专业学习方面取得了一定的成就后，自认为获得了较高成就，却忽略了教师教学发展，从而产生教师专业发展和教学发展的疏离。由于高校教师在现阶段面临着教学、科研与服务等多重角色，而随着教师大众化和普及化的发展，高校学生群体呈现出个性化发展的趋势，教师专业学习的目标和要求更加复杂，进入了学术发展过程，这些均不利于高校教师教学的发展。

高校教师的专业化发展和教学发展的分离是世界各国高校教师教育中面临的普遍问题。早在2010年，英国高等教育学会负责人指出英国教师培训中即存在标准不一致的问题，出现了教师教学发展和教师专业发展的分离。

2. 高校教师专业化发展制度偏向科研

高校教师专业化发展制度呈现出科研至上的特点。改革开放以来，我国高等教育坚持科研兴国战略，在科学技术方面取得了一系列成果。一方面，我国高等教育在培养科研人才方面取得了重大成果，培养了一批高层次、顶尖科研人才，对推动我国高精尖知识向技术的转化，以及经济的增长方面发挥了重大作用。另一方面，高等教育作为我国最重要的科研手段，在科学技术的发展和创新方面取得了重大成果，为我国科技创新提供了智力支持。高校科研领域的成果，推动了我国高校整体水平的发展，同时对我国高校教学理念产生较大影响。

21世纪以来，随着我国高等教育进入大众化发展阶段，高等教育改革中出现了较强的科研发展趋势。例如，高校人事管理制度中通过提高学科带头人、骨干成员的待遇，为我国高等院校进一步吸引、留住人才以及建设高水平的科研队伍奠定了基础，也为我国建设一流大学创造了条件，然而与此同时也不可避免地在高校中树立科研为主体的教育观念。此外，随着我国"211工程"和"985工程"以及双一流大学建设工作的开展，各个高校加强了对科研人才的培养。一些高校在促进科研人才培养和开展科研工作时忽略了教学工作的重要性，过分强调科研工作在高校工作中的重要性，从而导致高校教师专业化发展制度偏向科研领域，忽视了教学发展。高校教学工作是教师工作的重中之重，也是高校人才培养的基础，忽视教学发展，即对高校教师专业化发展产生强烈的影响。

3.高校教师专业化发展受壁垒制约。

进入21世纪以来，随着知识分层分类的发展，学科知识朝着复杂化、边缘化和交叉化的方向发展。高校专业学科之间的壁垒更加鲜明，学科领域所构成的知识更加多样化。在高校学科体系中，某一学科与其他学科之间联系得更加紧密，许多专业学科和交叉学科之间存在知识联系。然而，高校学科间的专业壁垒却阻碍了不同学科之间的专业交流与合作，使学生的知识发展被禁锢在相应的专业学科之中，难以建立全面而系统的知识体系。高校的这种专业学科之间的知识壁垒不利于高校教师专业的发展。

二、高校教师专业能力的影响因素

（一）教师自身的影响因素

高校教师教学能力培养受青年教师自身能力不足的影响，从高校教师专业理论、师德意识、专业知识的不足以及人际交往和心理压力，教学活动实施效能力等几个方面进行解读。

其一，高校教师教育专业理念意识不足，师德意识较弱。高校教师教学能力的发展受学生专业理念的影响，如果高校教师自身的教学专业理念意识不足，或师德意识淡漠，不能本着为教师教学工作和学生服务的理念，在课前教学准备环节不能进行认真而有效的教学活动准备，在教学中不注重教学内容和教学方法的更新，无法满足学生的学习需求，必然导致教师教学能力不足。相反，如果教师具有较强的专业理念和师德意识，在教师教学活动中对每节课程认真对待，认真备课，并且在教学中不仅进行知识传授还进行道德培养，注重教育教学实践，那么高校教师教学能力必然得到较快发展。

其二，教师教学能力与教师自身的人际交往有关。教师教学活动并不能单纯以教师个人的专业水平作为判断，尤其是青年教师独立意识较强，崇尚人格独立，不注重人际关系交往，且高校教师在教学活动之余还兼具较强的科研压力，在重重压力下，教师个人的科研和教学工作常常发生冲突，而当高校教师对现实不满和对其他教师抱有不切实际的期望时，常常由于在实际工作中的心理落差而导致教师与同事之间的人际交往紧张。高校教师教学活动通常在高校这一特定的环境中产生，一旦高校教师与其他同事之间的人际关系紧张，则会对高校教师的教学能力产生较大影响。

其三，高校教师教学实践能力较差。高校教师教学能力的发展不仅存在于青年教师行列，还存在于各个年龄段的教师群体中。教师群体教学实践充满实践性和复杂性的特点，高校教师群体，尤其是青年教师在实际教学环境中缺乏相应的实践教学经验，尽管一些高校教师在理论阶段对高校学生在课堂上可能产生的行为进行了预测，然而由于青年教师不能充分了解课堂环境，因此导致高校教师教学中，青年教师无法对所有教学状况进行精准预测，并在教学中达到预期效果。而青年教师在教学实践中面对没有预测到的教学状况往往表现出紧张、无所适从，从而降低青年教师的自我效能感和自信心。

（二）外界的影响因素

高校教师教学能力的外界影响因素主要表现在高校对教师教学能力的影响方面，包括高校的氛围、考核机制、激励机制以及教学培训等。

其一，高校教学氛围的影响。传统的高校办学均以教学为主，为了教学而教学，近年来随着研究型大学的兴起，一些高校不再以单纯的教学成果对教师进行评判，而是以教学和科研双重标准对教师进行评判。这使一些高校内部呈现出较强的重科研而轻教学的思想，在这种思想的影响下，我国高校教师教学能力必然受到影响，不利于高校教师教学能力的提升。反之，如果高校的定位为教学型高校，高校内部的教学氛围良好，那么则有利于高校教师教学能力的发展。

其二，高校考核和激励机制的影响。高校考核机制的设立即是为了帮助高校教师认识不足，促进高校教师的发展，从而提升高校教育质量。然而，部分高校则将教师职称评定作为高校教师的唯一考核标准。一些高校的考核机制中仅仅设立了高校管理人员对教师的评价和学生对教师的评价，评价体系和评价标准单一。由于教师职称评定与教研任务挂钩，易对教师产生误导，使教师专注于科研领域而忽略了教学，从而影响高校教师教学能力的提升。激励机制是高校调动教师积极性的重要措施，由于我国高校内部缺乏有效的激励机制，无法对高校教师教学产生积极影响，从而不利于高校教师教学能力的发展。

其三，教师培训的影响。进入 21 世纪以来，由于知识经济时代的到来，对我国高校教师提出了较高要求，为了进一步推动高校教师教学能力的发展，我国进行了大量教师培训，并设置了多个教师教学发展示范中心以培养教师教学能力。然而，由于我国现阶段的教师培训和教师发展仍然以传统培训内容和培训方式为主，难以满足当前教师发展的需要，不利于推动高校教师教学发展，从而影响高校教师教学能力的提升。

综上所述，高校教师教学能力的发展既受高校教师自身认知和动力的影响，也受高校所营造的教学氛围的影响以及考核，激励机制的影响。

三、高校教师专业化发展模式和培养途径

（一）高校教师专业化发展模式

我国高校教师专业化发展主要表现为四种模式，即平台支持模式、培训指导模式、自主发展模式、混合生成模式。

平台支持模式主要包括教师/教学发展中心、学科专业发展平台、教学学术共同体、项目平台等以构筑平台形式推动的教师发展路径和操作方式。其中，教师/教学发展中心是指以推动本校教师发展为目标的组织，当前我国许多高校均设立了教师教学发展中心。学科专业发展平台是教师发展的重要途径，高校通过制订相关政策和制度创建了学科专业发展平台的教师专业发展模式。教学学术共同体作为高校教师专业发展的典型模式，致力于创新教学实践活动。教师学术共同体模式的建立不仅可以在课堂教学中进行学术研究，还能够通过建立网络教学论坛等方式在学院层面推动高校教师专业化发展。项目平台是高校教师专业化发展的平台支持模式之一，是高校教师为了特定的目标而进行研究和实践的途径。

培训指导模式包括教师入职培训、教学督导、教学评估等以专题形式组织的培训和指导性教师发展路径和操作方式。教师培训模式中的入职培训是为了使高校教师更加适应教师角色而设立的。我国高校教师的入职培训规定了教师必须接受的理论学习和教学实践，当前我国高校入职培训主要以集中授课的方式为主，形式较为单一。教学督导是伴随着高校教师发展中心而设立的，我国当前已建立了一支高校教师教学督导队伍，这支队伍成为我国高校内部质量保障体系建设中的不可或缺的力量。高校教师教学督导是我国高校较为传统和常见的方式，为推动高校教师发展提供了有效模式和途径。高校教学评估活动是为了促进课程体系和专业建设或出于对高校课程质量和教师教学水平的评估而推动教师和教学发展的重要模式。

自主发展模式包括教师自我指导、情境学习和建立档案袋等教师主动的发展方式。教师自我指导是教师个体对从事教师工作的感受、接纳和肯定对其教学效果和教学行为产生

的主观内在动力。高校教师的自我指导是教师发展模式的重要途径之一。情境学习是高校教师发展的模式之一，情境学习通过教师对学习情境的构建，推动教师专业发展。除此之外，建立档案袋也是高校教师专业发展的重要途径。我国高校教师在日常的教学工作中包含许多的文本档案，如专业设置、教学大纲、教学参考文献等，档案袋中的文档对教师教学风格和教学特色的形成具有十分重要的作用。

混合生成模式包括专业协会和网络模式等教师发展路径和发展方式。专业协会是指在教师专业发展中起着积极作用的从业人员。我国高校教师发展建立了中国教育学会、全国教师教育分会、中国高等教育学会等组织，这些组织通过组织教师发展活动而推动教师专业发展。网络模式是指借助网络技术建立的教师专业发展模式，如全国高校教师网络培训中心，以借助网络教学资源促进教师专业化发展。

（二）高校教师专业能力的培养

高校教师教学能力的培养可从增强教师的内外在动力、教师个人和高校等方面着手。

其一，高校教师教学能力培养的动力因素。高校教师教学能力培养的内在动力因素主要包括教师兴趣、责任、自我效能感等方面。兴趣是最好的老师，是高校教师进行教学能力培养的直接动力。只有对教师这一职业充满热爱，将这一职业当作终生的事业，才会对教学产生真正的兴趣，才能推动教学活动的发展。责任则是指高校教师对职业身份的认同。教师职业道德中最重要的一点即是责任心，责任心是教师教学的基础，也是教师教学的重要影响因素。教师只有树立了较强的责任心，才能在从事教学活动时充满动力，才能不断推动教师教学能力的发展。自我效能感是指教师自身对教师身份的认知与态度，当教师在教学活动中树立足够强大的自信后，即会对教学活动产生较强动力，从而推动教师教学能力的提升。高校教师教学能力培养的外在动力因素主要表现在他人对教师的影响和激励等方面。高校教师教学能力的培养离不开外界动力的支持。最常见的教师教学能力培养的外在动力表现在亲人的支持、学生的支持等方面。

其二，高校教师教学能力培养的教师个体自身发展因素。在高校教师教学能力的培养中教师个体的自身发展起着十分重要的作用。高校教师教学能力培养中教师自身发展因素首先表现在教师理念和师德意识方面。教育工作是一项极其复杂的社会工程，其具有较强的规律性，教育工作者应当认识和掌握教学工作规律，加强职业道德，建立专业理念意识。除此之外，从师德角度来看，教师应在教学过程中不断加强责任意识，深刻认识教师教学工作对学生学习成果的影响，在责任心的影响下，高校教师教学能力可得到较快发展。高校教师职业道德水平的提高也有利于提升高校教师教学能力。"爱岗、敬业、严谨、奉献"，是高校教师应当具备的基本职业操守，作为以教书育人为主要工作的教师，提高教师职业道德水平，会在潜意识中形成教师教学发展动力，从而达到提升高校教师教学能力的目的。高校教师教学能力的提高还与高校教师的终身学习态度和正确的教育观有关。教师只有树立终身学习的思想，才能在教学工作中保持学习精神和学习态度，从而不断推动高校教师教学发展。此外，高校教师的教育观是否正确也与高校教师的教学能力发展有关。当教师对教育事业心存热爱，将教育教学工作作为终身事业时，教师便树立了正确的教育观，此时尽管教师经验不足，然而只要始终坚持正确的教育教学观即可不断推动教师教学能力的发展。教师教学能力的培养还与教师扎实的学科知识和教学理论知识，以及大量教学实践经验有关。只有掌握了大量的教学理论知识，教师才能了解学生、了解教学和教法，并且在教学实践中自觉运用理念知识进行教学分析与总结。教师教学能力的提升离不开教学实践活动，只有开展大量教学实践活动，教师教学能力才得以发展。教师在学习理论知识和进行大量教学实践的同时还应进行深刻教学反思，将书本上的教学理论和教学实践真正转化为教师教学能力，从而提升教师教学能力。

其三，高校教师教学能力培养的高校因素。高校在教师教学能力中起着重要影响作用，高校可通过青年教师培训、关注教师心理，建立有效的考评机制，调整教师薪资待遇等方式提升高校教师教学能力。

首先，教师培训是提升高校教师教学能力的重要因素。高校教师培训可划分为职前培训和职后培训两个阶段。职前培训主要指青年教师的培训，职后培训则主要涉及各个年龄阶段的骨干教师培训或全员教师培训。当前，我国高校已设置了较为系统的岗前培训体系，高校作为实施岗前培训机制的重要机构，其岗前培训是否得当和到位对高校教师教学能力培训起着关键作用。除了岗前培训之外，我国还初步建立了职后培训制度。自1980年开始，北京师范大学作为我国的重点师范大学，为了支持我国师范院校教师进修开设了丰富多样、名目繁多的进修班，成为20世纪八九十年代我国高等师范院校教师进修的主要基地。此外，我国其他师范院校开始有计划地分批次支持在校教师进行脱产学习或到外校进修、出国进修等。当前，我国职后教育培训体系逐步形成和完善，使我国高等师范学校在职教师培养体系与我国职前教师培养体系联合起来，成为我国师范教师培养的综合体系，在教师教学能力培养中起着十分重要的作用。

其次，关注教师心理。教师心理与教师个人在工作上的积极表现有关。高校教师不仅面临着较强的教学压力，还面临着较强的科研压力，且受信息技术的发展，学生的综合素质和水平发展不均衡，这要求教师在教学工作中投入更多精力和时间，而高校教师除了工作之外还需要照顾家庭，长此以往不利于教师心理健康发展。因此，高校应积极关注教师的心理状况，以便为教师教学能力的发展奠定良好的基础。

最后，建立有效的考评机制。当前，我国已初步建立了教师考评机制，然而大部分高校的考评机制多与职称评定挂钩，对教师的科研成果、论文发表数量等有着较多要求。从而导致我国教师在科研领域投入大量时间和精力，而在教学上投入的时间和精力遭到压缩，致使我国高校教学质量呈现下降趋势，教师教学能力无法得到有效发展。高校只有建立有利于教学工作发展的公平合理的评价体系才能不断增强教师的成就感，推动高校教师教学工作发展，从而为教师教学能力发展奠定基础。

除以上几个方面之外，教师的薪酬待遇也与高校教师教学能力的培养存在一定影响。高校教师，尤其是青年教师面临着结婚、买房、生子、照顾老人等一系列的现实问题，只有当教师解决了现实问题时，才能在教学工作中投入更多时间和精力，从而提高自身教学的能力水平。

（三）高校教师专业化发展的实现途径

面对内部动力和外部环境的影响因素，如何激发教师专业发展的积极性、主动性和实效性，相关的研究成果从"人""组织"和"制度"三个方面进行了路径探析。

从"人"的层面来讲，对于教师本身来说，是通过自身的反思和努力实现专业发展。比如不断进行个人知识积累，树立"终身学习"理念，不断深造学习，向大师前辈学习，树立正确的、积极的高等教育观，把握正确的价值取向。比如，"教学熟练者"模式，即广大教师通过参加各种教学竞赛、让老教师参与自己的备课、听课等作为实现自身教学任务和提高教学水平的重要途径，通过这些途径，教师反复查找自身的教学缺陷和差距，从而实现自身教学水平的不断提升。"学历进修"模式，即教师优先把提高学历水平作为实现自身教学任务和提高教学水平的重要途径，通过这种途径，教师拓展了专业发展的眼界和视野，提高了专业知识和技能，教学水平也得到了相应的提升。

从"组织"的层面来讲，强调的是开展教育培训的内容。从新时代高校教师师德师能"双提升"发展机制研究靠进修培训、集中设置培训班，或借助校外培训资源，指定教师参加培训，到现在伴随互联网技术的发展和新情况、新挑战的出现，对教育教学提出的新要求，在传统方式之外，结合国内外实践经验，形成了新的组织形式。围绕课堂教学基本技能开展的方式，包括模拟教学（试讲）、教学观摩课（授课示范）、课堂录像、教学咨询、编写课程教材等；针对教育教学过程中出现的学术问题或教学问题来组织教学研讨活动；聚焦"双师型"教师的发展，组织带领学生参观实训基地，到"校企合作"单位接受培训或任职，从企事业单位引进吸收专兼职人才或管理干部等方面，促进专业融合和提升教育教学能力；主动借鉴国外大学教师发展方式，如鼓励教师开展改革试验，提供场所支持，给予资金资助，开设工作坊、工作室、研讨会、研究会等活动，提供交流互动，共促提高的学习平台。比如，"校本培训"模式，高校通过成立教师发展中心等专业培训机构和管理机构，来对整个师资队伍发展进行科学合理的安排；"派出培训"模式，高校根据自身专业发展需要和其他方面的需求而进行，包括学历学位进修、干部外出培训、外出挂职锻炼、出国交流访问等，日益成为学校对外交流的重要组成部分，也拓展了高校教师发展的渠道；"社会许可"模式，随着教师职业的社会化，特别是教师资格证制度的实施，为教师专业发展带来了新的推动力。

　　从组织制度层面来讲，主要关注的是在全面深化新时代教师队伍建设改革过程中，高校结合自身实际，出台适合的制度政策文件，优化大学内部治理结构的运行机制，推进治理体系和治理能力现代化对教师专业发展的规范和指导。从根本上来讲，就是要深化高校人事制度改革。对于高校来说，要持续不断实施"人才战略"，早在20世纪上半叶，清华大学校长"所谓大学，乃大师之谓也，非大楼之谓也"的名言，道出了大学组织高端人才密集的显著特征和办学的普遍规律，尊重人才，吸引人才，使用人才，发挥人才的效能，才是应有之义。随着新时代高等教育以"内涵发展"为显著特征的新的历史进程的展开，高素质教师队伍的建设必然是题中应有之义，高校教师人事体制机制改革也必将进入"全面深化"的新阶段。具体说来，改革和理顺教师管理体制机制影响教师专业发展，从改革人员编制、岗位设置、工资总额管理开始，深化"放管服"改革，逐渐补齐教师队伍建设的弱项和短板。

　　总之，教师专业发展既受教师本人内部动力的驱使，也受外部环境的影响，如何避免单纯用外部压力甚至行政命令，转变成通过激发教师个体的内在追求来调动教师发展的积极性，是必须认真思考的一个问题。如何善于将外部激励与内在动力结合起来，通过恰当的外部激励机制激发教师追求发展的内在热情，考验着高校管理者的智慧与担当。

第五章　高校师资队伍师德建设

第一节　高校师资队伍师德的建设基础

一、高校教师职业道德的特点

(一) 内容具有示范性

教师职业的本质决定了教师职业必须具有深刻的道德内涵，并可以从中了解教师职业道德的特点。就教师而言，其职业行为必须包含和遵守几个特点。

教师被誉为太阳底下最光辉的职业。教师，拥有着高尚的情操、诗人般的敏感、科学家一样的缜密、组织家似的活跃，亲切、坚强又温柔、周到，有炽热的胸怀和冷静的头脑，孜孜不倦博采一切文明的成果，经过辛苦的酿造，制成最好的养料，哺育着明天的希望，永远不知疲惫。

教师的重要性，就在于教师的工作是塑造灵魂、塑造生命、塑造人的工作。一个人遇到好教师是其一生的幸运，一所学校拥有好教师是学校的光荣，一个民族源源不断地涌现出一批又一批好教师则是民族的希望。教师教学的工具是灵魂，他不仅通过语言，还通过自己的灵魂去传授知识技能。所以，教育者必须燃烧炽热的火焰，使受教育者感受到光和热。自古以来，教师都是以自己的言行来引导学生，以自己的道德来为人师表。教师要求学生勤奋学习，自己就应该努力工作；要求学生遵守纪律，自己就应该严于律己；要求学生品德高尚，自己就应该以身作则。这样，教师才能赢得学生的信赖和尊敬。教师道德不仅是教师行为的规范要求，还是作用于学生的教育手段。教师是学生现实中的榜样，教师肩负着为社会培养人才的道义和责任。教师个人的示范作用，对于学生的心灵是任何东西都不可能代替的最有用的阳光。在教育的过程中，教师必须根据教育对象的不同素质、能力、特征来培养出各具风格和特色的人才，以良好的道德修养去影响、感化、教育学生。教育部发布的相关教师职业行为准则中也提到了"坚持言行雅正，为人师表，以身作则，举止文明，作风正派"的基本要求。

教师的知识分子属性决定了教师应该为社会的科学文化和精神文明建设做出应有的贡献。社会生产力的发展，劳动生产率的提高，靠的是科学技术的力量。知识分子是生产力中最活跃的因素，其对于科学知识的传播、生产经验和劳动技能的传授，起着不可忽视的作用。同时，知识分子对于全社会可以达到较高的科学文化水平也发挥着十分重要的作用。所以，在伦理道德方面，教师的职业道德应当具有普遍示范性。

教师职业道德的形式是规范性的，往往采取制度、章程、守则、公约、须知、誓词、保证、条例、格言、谚语和伦理思想观点等灵活多样的形式表现出来。这个特点是由教育劳动过程的复杂性和多变性决定的。教育劳动的目的是把学生培养成符合社会需要的人才，而社会人才的要求和内涵处在不断发展和变化的过程中。教育劳动的对象是学生，而学生是活生生的、有思想情感、有个性且持续发展的，接触新鲜事物和知识的个体；教育劳动的工具是教师的知识、能力、思想品德以及教师的人格，而教师作为活生生的、有思想情感、有个性的智力劳动者也是复杂和多变的。教育劳动作为人与人相互作用的过程，用教师道德来规范教师的行为固然是必要的，但更重要的是要正视并解决教师道德思想中存在的问题，端正教师道德思想方向，以适应现实环境的需要及变化。

（二）主体具有先进性

社会主义核心价值观是当代中国精神的集中体现，是马克思主义道德价值理论中国化的重要成果。培育和践行社会主义核心价值观，是推进中国特色社会主义伟大事业、实现中华民族伟大复兴的战略任务。高校肩负着社会主义核心价值观大众化，推进社会主义核心价值观培育和践行的重要使命，这一伟大使命的完成取决于高素质的教师队伍。高校教师作为社会主义核心价值观教育的主导者，他们对社会主义核心价值观的认知、认同和践行，决定着社会主义核心价值观教育的方向和实效。所以，社会主义核心价值观的培育和践行就成为高校师德建设的核心内容，高校教师职业道德规范则是社会主义核心价值观的集中体现。

师德具有时代性，是一定社会道德关系的体现，反映了一定历史条件下的社会关系和价值观念。社会主义核心价值观是中国特色社会主义的基本价值理念，凝聚了国家、社会、个人不同层面的价值认识，是当代中国社会价值观的"最大公约数"。加强师德建设，坚定教师的理想信念，规范情操品行，集中体现为对社会主义核心价值观的认同和身体力行。只有不断加强师德建设，使其成为广大教师内在的、自觉的行动，形成良好的师德规范，社会主义核心价值观才能真正融入教书育人全过程。

师德规范是社会主义核心价值观在高校师德建设方面的具体体现。高校师德规范的基本内容为爱国守法、敬业爱生、教书育人、严谨治学、服务社会、为人师表。这些内容主要反映了高校教师政治道德要求、职业基本要求、教育教学道德要求、学术道德要求、社会服务道德要求和人际道德要求，涵盖了教师的全部职责要求，与"爱国、敬业、诚信、友善"的社会主义核心价值观中公民个人层面的价值准则是一致的。师德规范的六个方面体现了由大到小、由高到低、由国家到个人的相互联系和逻辑关系，体现了我国教师的优良传统、时代发展对教师的要求以及教师价值追求的内在统一，是培育和践行社会主义核心价值观，并使之落地生根的基本要求。同时，"富强、民主、文明、和谐"的国家层面的价值目标以及"自由、平等、公正、法治"的社会层面的价值取向，正是高校教师的基本职责和神圣使命，也充分体现在师德规范的基本内涵之中，是高校师德建设的应有之义。社会主义核心价值观对高校师德建设的要求主要体现在三个方面：一是要有高尚的道德人格和奉献精神；二是要有深厚的知识修养和文化底蕴；三是要有强烈的立德树人意识和创新理念。

（三）要求具有导向性

教育工作的根本任务是教书育人，育有德之人，则要靠有德之师。长期以来，广大高校教师忠诚于党的教育事业，呕心沥血、默默奉献，潜心教学、教书育人，敢于担当、锐意创新，为高等教育改革发展做出了巨大贡献，赢得了全社会的广泛赞誉和普遍尊重。但受当前社会一些不良事物的负面影响，少数高校教师理想信念模糊、育人意识淡薄、教学敷衍、学风浮躁，损害了高校教师的社会形象和职业声誉。相关教师职业行为准则明确要求高校教师必须遵守学术规范，严谨治学，坚守学术良知，反对学术不端，不得抄袭、剽窃、篡改、侵夺他人学术成果，或滥用学术资源和学术影响。由此可见，新时代加强师德建设的必要性和重要性是不言而喻的，而教师职业道德规范则是新时代高校师德建设的纲领和指南。

办好全人民满意的教育是新时代师德建设的指导思想和总体要求。建设教育强国是中华民族伟大复兴的基础工程，只有把教育事业放在优先位置，加快教育现代化，才能办好令人民满意的教育。要全面贯彻党的教育方针，落实立德树人根本任务，坚持教育为社会主义现代化建设服务，为人民服务，与生产劳动和社会实践相结合，培养德智体美劳全面发展的社会主义建设者和接班人。优先发展教育，以办好人民满意的教育为目标，建设人力资源强国。要立足国情,把握教育发展的阶段性特征,坚持依法治教,尊重教育规律,夯实基础,优化结构,调整布局,提升内涵,促进教育全面协调可持续发展。通过制定、完善、落实师德规范,进一步规范教师的教育教学活动,教育和引导教师树立正确的教育观、质量观和人才观,使教师在政治思想、道德品质、学识学风上,以身作则,为人师表。加强新时期师德建设,必须遵循师德建设的指导思想,紧紧围绕师德建设的总体要求,使教师成为社会先进生产力和先进文化的弘扬者和推动者,成为青少年学生健康成长的指导者和引路人,成为无愧于党和人民的人类灵魂的工程师。

教师职业道德规范体系是师德建设常态化的基础。要建立师德建设机制和制度,使师德建设落到实处,在创建良好的内部环境的同时,必须建立健全有效的机制作为依托和保障。这既包括建立各种激励、评价、约束机制,又在于引导师德建设走向常规化和制度化。机制和制度保证是师德建设的核心,因此加强师德建设,必须有一套相应的机制和制度作为保障。要建立健全培训机制,加强教师职业道德规范的学习和培训,建立多渠道、多层次的教师职前、职后一体化的师德教育和培训机制;要建立健全评价机制,建立一套简单易行、多方位评价师德的操作系统;要逐步完善师德自律机制。新时期教师的思想观念趋向多元化,价值取向趋向多样化,要适应新形势、新任务、新要求,多渠道、分层次地开展各种形式的师德教育,建立和完善新教师岗前师德教育制度,将教师职业道德教育作为新教师培训的首要任务和重点内容。广大教师要树立终身学习的理念,通过学习坚定理想信念,忠诚于党的教育事业,恪守道德规范,遵循教育规律,严谨治学,敬业奉献,提高教育教学质量,办好人民满意的教育。

二、教师职业道德的基本原则

教师职业道德的基本原则,是一定阶级和社会对教师职业道德行为提出的根本要求,是教师在教育活动中处理各种利益关系、调节和评价一切道德行为的根本原则。教师职业道德的基本原则与一个社会的价值观、公德观等有着密切且复杂的联系。它涵盖了爱国主义、集体主义、为人民服务等内容,而这些内容正是教师职业道德原则的重点,其中,教师职业道德最根本的原则是立德树人、乐教勤业、人格示范等。

(一)立德树人原则

所谓立德树人,就是教师不仅要将课本知识传授给学生,还要立德,将自身的举止和行为在学生面前展示出来,以书本理论教授学生知识,以行动榜样培养学生品行。在教学过程中,教师应把书本的基础知识和做人的立德之道结合起来,既传授基础的社会科学文化知识,又在更高一级的思想层面上,将学生的内在理性和德行觉悟呼唤出来并进一步深化和培养，将学生培养成新时代中国特色社会主义合格的接班人。

教书育人是作为一名教师所应遵守的最基本也是最根本的职责和使命，其不仅是教师的工作任务所在，也是整个社会赋予教师的职责所系。无论是大城市的万人高校，还是贫困山区的只有数十人的小学校，其本质都是一样的，教师都有"传道、授业、解惑"之责。无论教授什么区域和什么程度的学生，无论教授哪一门学科，教师都要对学生进行基本的品德教育和思想教育。教师在教书的过程中，要将思想教化贯彻到知识教化的每一个环节中，潜移默化地将正确的世界观、人生观、价值观传递到思想还处在懵懂状态的学生心中。基于此，教师应掌握育人的技能，育人并不是完全对照教材照本宣读即可，而是要遵循基本的教育规律，按照基本的教育规则办事。教书是整个社会最基础的工作，但也是整个社会最复杂的工作。如果教师在教书的过程中偏离了应有的教育规律，那么后果是相当严重的，学生可能会因此走入思想行为的误区而一生都难以纠正。因此，教育首要的原则就是要深刻驾驭教书育人之道，熟悉教书育人的规律，生动而不刻板，循序渐进而不揠苗助长。教师必须在长期的教书育人的工作中慢慢体悟这些真知和经验，急不得也快不得。现如今，很多教学规律已经成为广大教师所遵循的铁律，如因材施教原则、循序渐进原则、启发式教学原则等。这些规律的发现，对当代教书育人工作产生了莫大的影响，所以只有不断地挖掘教书育人的规律，才能使教学工作做得越来越好，才能使教学工作更加高效。一旦没有遵循教学规律，教学工作就会因此陷入停滞，进而产生相当严重的后果。这种后果是长期的、潜在的、泛化的。因此，发掘和掌握教书育人工作规律，是教师的首要核心任务。

（二）乐教勤业原则

乐教勤业原则的含义一般指教师心甘情愿、自觉、自信地接受自己的本职工作，尽心尽力地完成自己的职责而不抱怨，一心一意、努力地从事教育工作。教师的乐教勤业一般由两个部分决定：一部分是教师为了实现教育的自身效益；另一部分则是整个社会对于教育的硬性需求。所谓职业，即专门从事或者精通某一技术或任务。教师作为一种职业也具有极强的专业性，教师不仅是发挥教育资源的重要催化剂，也是整个社会能够持续运行的动力。由此可见，教师的职业具有相当的社会价值。那么教师在担任该职业时，必然也会有效率和效益的追求与期待，这种期待则会唤起教师对自身职业的兴趣和动力，而乐教勤业则是同时实现自身收益和社会效益最大化的途径，从教师自身这个层面上来说，决定了教师需要辛勤工作和付出。

乐教勤业是教师从事自身工作的动力源头和基础，是教师职业道德原则中最重要的部分。教师只有在乐教勤业信念的指导下，才能够全面、真实、深刻地认识教师作为社会发动机的重大意义，才能够唤醒教师自身的使命感、责任感和自豪感。这样教师才会慢慢地将乐教勤业原则融入自身，将工作视为生活的一部分，从而真诚地付出。虽然教师的工作极其辛苦，但教师只有日复一日地坚守在自己的工作岗位上，才能够在平凡和重复的工作中不断提升教师自身的职业素质、思想觉悟和师德修养。

乐教勤业是教师能够踏实做好自身工作的信条。教师能丧失对自己职业的热爱，如果对自己的职业丧失了热爱，工作效率就会大打折扣，也就更谈不上工作成果。因此，乐教勤业既是教师坚守自身职业的根本，又是其满足自身社会需要和实现自身价值的主要途径。乐教，是能够勤业的基础和主要动因。

（三）人格示范原则

人格示范原则主要是指教师用自身的闪光点去教化学生，即将自身优秀的、正向的、正能量的一面尽可能地展现给学生，以自身的人格精神去引领学生形成正确的人生观、是非观、价值观和道德观。这是教师职业道德的主要内容，是教师坚守其良好的职业品质的重要一环，也是教师师德实现的底线。而人格就是教师作为社会成员所应该具有的基本的、正常的心理和社会观念。

相关研究证实，心智未成熟的未成年人或学生通常对于教师的行为和言语有着极强的模仿力和记忆力。他们会对教师的一言一行进行无意识的学习和模仿，无论是教师有意传递的信息，还是教师通过非语言符号无意传递出的某些信息，他们都会无论对错地接收和潜移默化地学习。这种行为就是学界所谓的"向师性"，学生对教师拥有天然的尊敬和亲和感，他们非常在意教师对于自身的评价和态度。这样的情感如果利用得当，对于教师和学生是双赢。对于教师来说，和谐的师生情感不仅可以促进课堂氛围的优化，还可以加强教师教学的信心和积极性，从而激发出教师持久的教学动力并提升教学效率。对于学生来说，这种情感会提高学生对于课堂的向往度和对于教师的崇拜度，这无疑提升了学生的学习效率和学习专注力，对于教学活动是大有裨益的。由此可见，教师对自身人格的塑造和培养，不仅可以提升自身的气质和人格魅力，使自己更有自信，而且可以在教学活动中尽可能地展现自身特点，以人格魅力和教学水平相结合的方式从事教学活动，培养学生的正向人格。

三、高校师资队伍师德建设的要求

（一）高校师德建设及工作机制

师德是教师的职业道德，是教师和一切教育工作者应具备的道德品质和应遵从的行为规范，也是教师为了维护社会公共利益应该遵守的社会公共道德。师德与教师职业不可分割，教师职业道德随着教师职业的产生和实践而逐渐丰富和不断完善，教师职业道德又为教师能够更好地从事教育事业提供了价值尺度和行为依据。

一般来说，高校教师师德内涵是由客观和主观两个方面构成。从客观方面看，它是由外在社会规定的教师职业活动应遵循的规范和准则，一般以法律政策或文件等形式提出硬性规定。从主观方面看，它凝聚在教师内在的道德观念和品质中并外化于道德行为，主要体现在自觉主动性上，并随教育实践的拓展而不断丰富。由此可见，加强高校师德建设，需要将师德师风要求与高校教育教学实践相结合，贯穿教师管理监督全过程，实现师德建设的主客观要求相统一。高校要把加强师德建设作为教师队伍建设的首要任务和基本要求，夯实学校主体责任，压实学校主要负责人作为第一责任人。要强化党委教师工作部建设，明确将教师思想政治和师德师风建设作为其主要职责。要建立健全责任落实机制，坚持失责必问、问责必严。进一步完善师德建设的各项制度机制，加强工作支撑和条件支持，提高师德师风建设工作的科学性、实效性。

（二）高校师德建设的基本遵循

教师是教育之本，师德是教师之本。党的十八大以来，以习近平同志为核心的党中央将高校师德建设摆在突出位置，发表了一系列重要讲话、做出了一系列重要指示批示。习近平总书记在关于教育工作的系列重要讲话中，从国家繁荣、民族振兴、教育发展的大局出发，深刻阐释了教师职业和教师工作的重要性，先后用"大先生""筑梦人""系扣人""引路人"等称谓表达对广大教师的殷切期盼，明确提出成为一名党和人民满意的好老师应满足"四有""四个引路人""四个统一"的标准要求，号召广大教师以德立身、以德立学、以德施教。这些要求相互衔接、一脉相承，具有丰富的思想理论内涵和时代价值，形成了对广大教师的思想、道德、学识、作风等方面的全方位系统要求，是新时代进一步加强思想政治工作、师德建设的基本遵循。

（三）高校师德建设的基本原则

一是坚持正确方向。抓好新时代高校师德建设，坚持社会主义办学方向，全面贯彻党的教育方针，落实立德树人的根本任务。坚持党对高校师德建设工作的全面领导，充分发挥党建引领师德建设的能效，确保教师在落实立德树人根本任务中的主体作用得到全面发挥。

二是坚持尊重规律。抓好新时代高校师德建设，遵循教育规律、教师成长发展规律和师德师风建设规律，注重高位引领与底线要求结合、严管与厚爱并重，做到师德建设的主客体要求相统一，不断激发教师内生动力，提高教师提升师德的主观能动性，形成积极正面导向。要强化教育强国、教育为民的责任担当,引导广大教师在为党育人、为国育才的实践中厚植教育情怀。

三是坚持聚焦重点。抓好新时代高校师德建设,要坚持把促进学生成长成才作为教师队伍建设的出发点和落脚点,以理顺教师管理体制机制为强大动力,加强教师党建、教师专业发展与师德建设的协同作用,推动高校教师"经师"和"人师"身份实现有机统一。重视高层次人才、海外归国教师、青年教师的教育引导,增强工作针对性。针对当前高校师德建设突出问题,强化各地各部门的领导责任,进一步压实高校主体责任,引导家庭、社会协同配合,推进师德师风建设工作制度化、常态化。

四是坚持继承创新。立足我国国情,传承中华优秀师道传统,营造尊师重教氛围,传递教师正能量,让全社会广泛了解教师工作的重要性和特殊性。借鉴国际经验,注重把握新时代、新任务、新变化,加强管理体制机制和教育方式方法创新,推动师德师风建设工作不断深化,不断适应新时代高等教育"立德树人"的根本要求。植根校史校情,要以校训为核心,以校史文化为主线,以教风和学风为拓延,形成不同高校师德建设的生动表达,营造优良校风学风和育人成才氛围。

第二节 高校师资队伍师德修养提升策略

一、强化高校教师师德修养的认知

"师者,所以传道、授业、解惑也。"唐代教育家韩愈的这句名言,说明了从古代起人们就已认识到教师是既当"经师",又当"人师"。"经师"是教学问,"人师"则要教行为和道德,教学生怎样做人。高校教师肩负着为社会主义现代化建设培养合格人才的重要使命,应当既是学术方面的专家,又是培养和造就人才的行家。这就要求高校教师应当具备从事教育教学工作所需要的各方面的理论知识,树立依法从教的观念和科学的教育理念,熟悉教育活动中的心理现象,懂得教育规律,具备良好的职业道德。良好职业道德修养最终的落脚点与归宿仍然是高校教师自身,教师要重视自我修养,在自我教育与自我锻炼中逐渐提高自身的职业道德修养。这既是加强教师职业道德的关键环节,也是检验高校教师职业道德成效的最终标准。

教师能够认同和自觉践行师德规范与要求,始于对师德的正确认知。教师要自觉加强师德理论学习，强化自身对师德的认知，这主要包括对于教师职业道德规范的学习、教师职业责任的认同以及教师职业发展规划等方面。

（一）加强师德思想与规范的学习

针对高校教师职业道德出现的新情况和新问题，在综合考虑国家、社会要求以及结合高校教师职业特点的情况下，国家颁布了许多关于高校教师职业道德的规范和职业道德的要求，成为高校教师提升师德修养的主要参照标准。

为大力加强和改进高校师德建设，教育部印发了建立高校师德建设相关意见的文献，从深刻认识新时期建立健全高校师德建设长效机制的重要性和紧迫性、建立健全高校师德建设长效机制的原则和要求、建立健全高校师德建设长效机制的主要举措、充分激发高校教师加强师德建设的自觉性、切实明确高校师德建设工作的责任主体等方面进行了部署，提出了"创新师德教育，引导教师树立崇高理想；加强师德宣传，培育重德养德良好风尚；健全师德考核，促进教师提高自身修养；强化师德监督，有效防止师德失范行为；注重师德激励，引导教师提升精神境界；严格师德惩处，发挥制度规范约束作用"等具体举措。

2018年1月，中共中央、国务院印发关于全面深化教师队伍建设改革的相关文件，强调新时代教师队伍建设要把提高教师思想政治素质和职业道德水平摆在首要位置，把社会主义核心价值观贯穿教书育人全过程，突出全员全方位全过程师德养成，推动教师成为先进思想文化的传播者、党执政的坚定支持者、学生健康成长的指导者。

2019年2月，提出了推进教育现代化的总体目标："到2020年，全面实现'十三五'发展目标，教育总体实力和国际影响力显著增强，劳动年龄人口平均受教育年限明显增加，教育现代化取得重要进展，为全面建成小康社会做出重要贡献。在此基础上，再经过15年努力，到2035年，总体实现教育现代化，迈入教育强国行列，推动我国成为学习大国、人力资源强国和人才强国，为到本世纪中叶建成富强民主文明和谐美丽的社会主义现代化强国奠定坚实基础。"

2019年3月，新时代贯彻党的教育方针，要坚持马克思主义指导地位，坚持社会主义办学方向，落实立德树人的根本任务，坚持教育为人民服务、为中国共产党治国理政服务、为巩固和发展中国特色社会主义制度服务、为改革开放和社会主义现代化建设服务，扎根中国大地办教育，同生产劳动和社会实践相结合，加快推进教育现代化、建设教育强国、办好人民满意的教育，努力培养担当民族复兴大任的时代新人，培养德智体美劳全面发展的社会主义建设者和接班人。发展教育关键在于教师，在于发挥教师的积极性、主动性、创造性。教师要给学生心灵埋下真善美的种子，引导学生扣好人生第一粒扣子。

这些关于加强教师职业道德建设所出台的文件与规范，无不体现党中央"兴国必先强师"的坚定决心。高校要组织教师自觉加强对于这些规范与文件的学习，了解国家、社会对于教师师德行为的规定与要求，进一步明确国家与社会对于教师的职责规定与职业道德规范要求，树立教师职业道德行为的正确认知。树立正确的世界观、人生观、价值观，使自己的思想活动始终与国家、社会的主流价值观要求保持高度一致。

（二）强化教师职业责任认同

教师承担着传承人类文明的重要职责。作为高校教师，不仅要做好教书育人的本职工作，更要承担起推动社会文明发展的职责。高校教师应当是学者型教师，在专业学术领域有一定的造诣，既能够做到传道、授业、解惑，又能够在学术研究方面做出成绩；既要具备教学能力，又要具备学术科研能力。严谨治学和为人师表是高校教师职业道德规范对教师职业行为的规范与职业责任的阐释，教师要主动加强对教师职业责任的学习与理解，明确教师职业责任，深化教师职业责任的理解，努力提升自身的知识水平、学术修养与道德素质，并在实际的工作与生活中自觉主动承担教师责任与义务，做到严谨治学与为人师表，做学生学习与生活上名副其实的导师。

（三）推进教师职业发展规划

职业发展规划在一定程度上影响着教师对待工作以及自身的态度，决定了其提升自我进而积极投入到工作中去的实效。作为教师，要提升自我修养，就要对自己的职业发展有良好的规划，只有真心热爱高等教育事业，真正将其作为自己的事业来经营，有崇高的职业理想，有长远的发展规划，才能为了实现其规划目标而不断提升自我，才能以饱满的热情和扎实的功底投入到工作中。推进教师职业发展规划，要真正理解敬业爱生和教书育人这一教师职业道德要求所蕴含的深层含义，只有思想上真正热爱教师这一职业，才能做到这一要求。高校教师要主动树立崇高的职业理想，为自己制定长远的职业发展目标和详细的职业发展规划。只有这样，才能保证每位教师都有源源不断的前进激情与动力，不断努力提升自身素质来实现自己的工作目标。

二、提升师德素质，推进师德实践

加强师德修养，增强自身素质，就要善于学习师德先进事迹，经常反省自己，以不断提升师德修养水平；要将师德修养转化为实际行动，转化为日常的工作、学习行为，师德的最终目标才算达成。

（一）加强个人师德修养

高校师德先进模范典型的树立，其目的就在于为广大教师提供学习的对象，作为激励教师不断进步的标杆。教师在提升自我职业道德修养的过程中，要自觉向师德先进模范学习，自觉以模范典型的先进事迹为学习榜样，时刻鞭策自我，并善于慎独自省，反思自身对于师德规范与要求的践行情况，加强个人师德的修养，提升自我内在的约束力，真正做一名言传身教、以德服人的好老师。

（二）积极参与师德实践活动

有针对性的职业道德活动是推进教师职业道德的重要途径。高校要经常组织各种形式的职业道德实践活动，既要面向全体教师，又要重点抓青年教师师德的主要问题，为青年教师搭建更多提升自我的实践平台，鼓励他们积极参加。教师自己也要积极参加学校组织的职业道德的相关活动，通过参加有目的、有针对性的各种形式的实践活动，在具体的实践活动中将师德要求付诸行动。只有将学习的成果与具体的实践相结合，才是提高教师师德修养水平的最佳途径。

业务水平反映了教师自身的能力与素质，是高校教师的价值体现。随着社会的发展，国家对教师的要求也在逐渐地提高，尤其是青年教师作为高等教育发展的新兴力量，承载着高等教育的未来，更要在实践中不断丰富自己，提升自身的业务水平。这是提升教师自身修养，加强教师职业道德的必然要求。高校教师应从以下两个方面提升自身的业务水平：一是教学能力，这是衡量其是否是一名合格教师的首要指标；二是学术与科研能力。高校教师只有在实践活动中不断提升自己的教学能力与学术科研能力，以自身的人格魅力去感染学生，才是师德修养取得成效的重要途径。

（三）落实师德规范要求

师德规范与职业道德成效最终体现在教师的行为与实践中。高校教师只有将师德规范要求落实到自己的日常工作中，教师职业道德的目标才算最终完成。实现从外在的师德规范，到内化为自身的追求，再到外化为自觉的行为，需要每一位高校教师时刻以师德规范要求来约束自己的行为，在日常的学习、工作、生活中，在处理与领导、与同事、与学生的关系时，时刻以高标准来要求自己，不断反省自己的行为是否有不当之处。只有这样才能将职业道德的成效落到实处，才能使师德修养不至于沦为空话与形式。

三、不断完善自身师德素养

高校教师是一个特殊的教师群体。特殊是因为他们不仅是教师，还要从事学术研究，是一个学者。随着新的社会形势的发展，大学教师也面临着严峻的考验，面对社会功利化、市场化等多种价值观的挑战，面对教学科研的双重压力，大学教师如何应对日渐疏离、松散的师生关系；在利益与体制裹挟的学术氛围中，如何坚守自身的学术道德的纯洁性，如何坚守教师的道德义务、育人责任，学术操守。这些都需要高校教师勇于坚守自己的职业良心，做一名党和人民满意的好老师。

（一）高校教师要树立正确观念

高校教师要树立正确的历史观、民族观、国家观、文化观。高校教师要带头践行社会主义核心价值观，应充分认识中国教育在改革开放后取得的辉煌成就，扎根中国大地，办好中国教育；要以德立身、以德立学、以德施教、以德育德，坚持教书与育人相统一、言传与身教相统一、潜心问道与关注社会相统一、学术自由与学术规范相统一，做立德树人、有仁爱之心的好教师，全心全意做学生锤炼品格、学习知识、创新思维、奉献祖国的引路人。

高校教师要加强中华优秀传统文化，社会主义先进文化的学习和教育。高校教师要在教学中弘扬爱国主义精神，不断创新教学的方式方法，开辟教育的新阵地，利用教育的新载体，强化社会实践参与，帮助大学生充分了解党情、国情、社情、民情，增强高等教育的针对性和实效性。

（二）教师要坚守大学精神

大学教育不同于中小学教育，它有自身的品格或特质，这就是大学精神。坚守大学精神，是高校教师践行道德义务、坚守职业良心的首要体现。大学精神就是大学发展所秉承的基本价值取向，它是大学之为大学的标志和象征。从大学产生之初至今，大学已经形成了稳定的、共识性的精神品质，这就是科学精神、人文精神、开拓创新精神、理性批判精神，学术研究精神等。大学精神道出了大学教师的教育生存方式，也指明了大学的教育目的——培养具有科学精神与人文精神，勇于开拓创新的人。坚守大学精神，要求高校教师要树立中国特色社会主义的理想信念，树立正确的大学教育的目的观，明确高等教育是要培养满足国家和社会发展需要的合格人才，使学生成长为在社会化和个性化、知识与品德、科学精神和人文精神等方面及德智体美劳都全面发展的社会主义的建设者和接班人。

（三）教师要履行正确的价值引导的职责

近年来，大学生群体不断暴露出很多行为失范问题。这些现象和事件引起了社会的质疑和反思：什么样的大学生才是一个受过高等教育的合格人才？这其中既有大学教育的育人问题，也在拷问大学的社会道德良心和责任。大学教师必须摆正知识教学与价值引导之间的关系，要在社会主义核心价值观的引领下，处理好教书与育人之间的关系，积极担负价值引导的职责。随着我国社会转型以及经济全球化浪潮的冲击，社会的世俗化、功利化取向日渐明显，物质财富、职务逐渐被人们当成评判一个人的社会地位、尊严和价值的重要标准，也成为人们考虑以何种方式或态度对待他人的重要依据之一。在这种氛围中，对上大学、读书的价值也出现了功利化认知。大学教师要履行引导职责，要致力于引导大学生树立正确的世界观、人生观、价值观，促进大学生核心价值品质的发展；积极培养学生拥有坚定的中国特色社会主义的理想信念、灵活的思维能力、开阔的眼界与视野、优雅的道德品质、健康的心理心态，成为一个有思想、有人格、有理想、有精神追求的合格大学生。

高校教师还要注意传递积极的人文价值品质，包括社会主义核心价值观和优秀的传统美德，如诚信、勤俭、勤劳、包容、友爱等；引导大学生懂得基本的人际相处之道，体味人际相处的道德和心理意义，建立和谐的人际关系；激发和强化当代大学生的爱国情怀、社会使命感和民族认同感，使之成为勇于担负社会发展进步使命，积极践履具有社会责任的合格的社会主义事业的建设者。

教育是国之大计、党之大计，教师是立教之本、兴教之源。要从战略和全局的高度认识教师工作的极端重要性，把加强教师队伍建设作为基础工作来抓，让教师成为让人羡慕的职业。师德教育显著加强，教师培养培训的内容方式不断优化，教师综合素质、专业化水平和创新能力显著提升，为发展更高质量更加公平的教育提供强有力的师资保障和人才支撑。

第三节　高校师资队伍师德建设的创新机制与提升路径

一、高校师资队伍师德建设的现状及实现路径

（一）高校师德建设现状

高校师德师风建设是提升新时代高校教师综合素质、办好人民满意的大学的"基础工程"。总体而言，虽然高校师德建设现状良好，但是在具体工作中也存在一些问题，研究者们主要从思想认识不足、相关制度缺失、评价不够科学等方面进行概括。

（二）高校师德建设实现路径

针对高校师德师风发展存在的问题，相关学者提出了富有成效的见解，比较有代表性的主要集中在以下几个方面：

一是加强顶层设计，构建全员全方位全过程师德养成的工作体系。高校党委站在构建师德建设大格局的高度上，整体规划学校师德建设工作，健全师德建设长效机制，推动师德建设常态化长效化，形成党委统一领导、党政齐抓共管、各部门分工合作，教师、学生、管理人员等全员参与的工作格局。

二是注重政治引领，营造崇高师德的环境氛围。坚持中国特色社会主义理论体系的指引，在全社会形成尊师重教的良好氛围；充分借助师德榜样的辐射作用，利用一切有效的宣传载体和渠道，在全社会形成正面舆论引导。我们需要以社会道德治理为基础，营造有利于高校师德建设的良好环境。

三是健全长效机制，以提升教师道德自觉与培育师德文化为途径加强师德建设。一方面应该设立师德规范底线，完善师德考评制度，加大师德失范惩罚力度；另一方面提高师德规范的"合法性"，让类似于"蜡烛""春蚕"这些带有某种牺牲精神或理想主义的师德境界，能与教师实际的道德生活状况相结合，能真正在教师心中生根发芽、开花结果，高校教师能认同这些道德规范的正确性并长期遵循、内化为自身的道德信念与道德品格。

四是完善评价制度，坚持改革创新，科学评价师德。师德评价是否科学、结果是否公正直接影响师德惩处的公平公正，应做到科学评价师德。坚持以事实为依据，运用行为锚定评价法进行师德评价。坚持考核主体的多元化，确保师德评价的全面性和有效性。坚持实事求是，力求避免考核误区。在依据高校教师职业道德评价制度的基础上制定高校教师职业道德评价标准，应注重树立以促进教师全面发展为目标的评价理念，制定切实可行的高校教师职业道德评价标准，突出高校教师职业道德评价主体性和多元性，建立动态的高校教师职业道德评价反馈机制。

五是加强考核监督，拓展制度约束路径。统筹构建系统、明确可操作的师德考核监督体系，包括考核、激励、监督惩处和师生全面参与四个方面。同时，充分发挥高校教师自我监督的作用，鼓励教师加强自我道德修养、加强自我反省自律，以达到慎独的境界；进一步拓宽监督渠道，健全学校、教师、学生、督导共同参与的、横向到边且纵向到底的师德建设监督网络，把组织监督与群众监督、自下而上监督与自上而下监督结合起来；加大舆论监督力度，既利用各种媒介表扬和宣传师德先进个人和先进集体，弘扬正能量，也要利用各种媒体揭露和抨击师德失范事件，以案为鉴。

六是加强教师培训，重点突出高校教师教书育人、科学研究、社会服务等内容。针对高校教师这一特殊群体，依托培训和研修基地，提升高校教师胜任力。学校人事管理和师资管理部门要把师德培训纳入师资队伍建设的整体规划，建立健全培训档案，将师德培训制度化、规范化。除对新教师进行岗前培训外，学校还应定期对教师进行全员轮训。

二、高校师德师风建设的创新机制

当前,中国特色社会主义教育思想进入新时代,对高校教师师德师风建设提出了新的更高的要求。为适应新时代、新形势、新要求,高校要从战略和全局高度充分认识教师师德师风工作的重要性,把全面加强教师师德师风建设作为一项重大政治任务和基础性工程切实抓紧抓好。坚持党管干部、党管人才,坚持依法治教、依法执教,保证教师队伍建设正确的政治方向。把提高教师思想政治素质和职业道德水平摆在首要位置,把社会主义核心价值观贯穿教书育人全过程,确保政治和业务融为一体、高度统一,铸牢新时代中国特色社会主义的教育信仰,突出全员全方位全过程师德养成。

(一)政治监督与师德建设相结合

加强党的政治建设,必须严明党的政治纪律和政治规矩,发展积极健康的党内政治文化。在高校,做好教师思想政治工作,要善于把党内的优秀传统、制度、纪律、规矩和政治文化向教师管理和师德建设工作延伸,做好政治监督与师德建设的融入结合,统领强化教师政治纪律建设,推动教师旗帜鲜明讲政治,持之以恒严师德,形成风清气正、崇德敬德的良好教书育人环境,净化教育领域政治生态,确保高校意识形态安全。

1. 要严把政治"体检"关

我们党对干部的要求,首先是政治上的要求。选拔任用干部,首先要看干部政治上清醒不清醒、坚定不坚定。针对教师群体,同样要在教师准则规范、岗位聘任、职务职称晋升等工作中,将政治表现作为底线标准,前置审核。

2. 要严格师德考核

要把政治要求作为师德考核首要标准,对妄议中央大政方针,违反政治规矩和教学纪律的,执行"师德一票否决",严格处理举措,明确政治红线、师德底线。

3. 要规范阵地管理

落实意识形态工作责任制,规范线上线下阵地管理流程,严格责任落实;建立抽查听课监督制度,切实掌握课堂教学情况,强化宣传教育和纪律约束,确保教师课堂讲授守纪律、公开言论守规矩、成果发布守程序,不给错误思潮留有传播空间;对报告会、研讨会、讲座、论坛等,强化敏感政治情况审查,实行分类审批、分级负责、统一管理,严格履行"一会一报"申报审批备案制度。

4. 要狠抓重要节点思想动态监督

在敏感时期、国家重要活动时期、重大节庆和纪念日时期,深入师生开展思想动态调查,及时掌握教师言行倾向,做好教育引导,有效防范和抵御错误意识形态渗透。

(二)建立高校师德建设长效机制

高校师德建设坚持价值引领,以社会主义核心价值观为高校教师崇德修身的基本遵循,促进高校教师带头培育和践行社会主义核心价值观,做学生健康成长的指导者和引路人。坚持师德为上,以立德树人为出发点和立足点,找准与教师思想的共鸣点,增强高校师德建设的针对性和贴近性,培育教师高尚道德情操。坚持以人为本,充分尊重每一位教师,引导教师自觉以德立身、以德立学、以德施教、以德育德,坚持教书和育人相统一,坚持言传和身教相统一,坚持潜心问道和关注社会相统一,坚持学术自由和学术规范相统一。坚持改革创新,不断探索新时期高校师德建设的规律特点,在理念创新、内容创新、机制创新上下功夫,善于运用高校教师喜闻乐见的方式方法,增强师德建设的实际效果。

1. 构建师德建设领导机构

基层单位党组织在师德建设中承担主体责任,成立师德建设工作小组,党政负责人共同承担师德建设的领导责任,做好师德师风和教师队伍建设工作。各基层单位以学校师德建设文件精神为指导,制定本单位的师德建设工作方案,组织和落实好师德建设工作。建立师德建设工作研究联席会制度。由分管教师工作的校领导牵头,负责研究制定师德建设相关政策、规划,研究师德建设中的问题,审议师德师风建设中的奖惩事项,督导、检查各院(系)师德建设工作,定期开展师德状况调研分析,加强内部督导。

2. 强化师德教育,引导教师树立崇高理想

将师德师风教育摆在教师培养的首位,贯穿教师入职、培养、发展的全过程。将师德教育作为优秀教师及团队培养,骨干教师、学科带头人和学科领军人物培育的重要内容。重点加强社会主义核心价值观教育,重视理想信念、法制和心理健康教育。建立和完善教师政治理论学习制度,定期组织教师认真学习党的基本路线、方针、政策,学习上级及学校有关文件精神。提升教师师德底线意识。同时,加强优秀师德典型的选树和宣传力度,注重教育引导、预警和风险防范,抓早抓细抓小,不断弘扬高尚师德,营造风清气正的育人环境。

3. 发挥党组织和党员队伍作用

进一步加强教师党支部建设,将全面从严治党要求落实到每个党支部教师和党员教师身上,充分发挥教师党支部在教育、管理、监督和宣传引导、凝聚师生方面的战斗堡垒作用,充分发挥党员教师的先锋模范作用。发挥基层党组织在把好教师政治关、师德关中的主导作用。

4. 加强教学规范和学术道德教育

组织教师学习教学管理制度，提高教师认真履行教学职责的主动性和自觉性；开展学术诚信教育，引导教师在科研活动中遵循实事求是的科学精神和严谨认真的治学态度，恪守学术诚信，遵守学术准则，尊重和保护他人知识产权等合法权益。

5. 开展新晋升高级职称教师和研究生导师支持计划

通过签订岗位聘任协议书、举行研究生导师聘任仪式等活动，明确新晋升高级职称教师的教书育人、科学研究和社会服务等职责；强化研究生导师基本素质要求，明确研究生导师立德树人职责，建立健全师德预警和风险防范措施，健全研究生导师评价激励机制，营造健康和谐的师生关系。

6. 健全师德建设的宣传机制

将师德师风宣传作为学校宣传工作的重要组成部分，发掘师德典型，讲好师德故事，通过开展"师德榜样（先锋）""优秀教师""教学名师""翔宇教学奖""年度十大人物""党建先进"等评选与表彰活动，宣传先进事迹，引导教师提升精神境界。开展师德教育宣传月活动，充分利用教师节等重大节庆日、纪念日，通过电视、广播、报纸、网站及微博、微信、微电影等新媒体形式，集中宣传"黄大年式教师团队""中国好老师"和优秀教师的典型事迹，努力营造尊师重教的浓厚氛围。倡导师德教育宣传与研讨研究相结合。定期举办师德论坛、经常性的师德建设先进经验交流会和研讨会，设置师德师风建设专项经费和研究项目，促进师德建设的理论创新、制度创新和管理创新，推动师德建设科学化、制度化，支持出版师德建设和教书育人优秀成果。加强外派出国（境）学习工作教师的政治意识和外事纪律教育，开展外籍教师有关国家法律法规和学校相关规章制度的宣讲教育。

7. 完善师德考核制度建设

建立健全学校、教师、学生、家长和社会多方参与的师德考核评价和监督体系，将师德考核结果作为教师招聘引进、岗位聘任、职务（职称）晋升、导师遴选、项目申报、评奖评优、干部选任、公派出国、绩效分配、工资晋级等的重要依据，师德考核及年度考核不合格的应根据情节轻重给予相应处理或处分。落实师德状况定期调研制度、师德重大问题报告制度、师德舆情快速反应制度，严格落实师德"一票否决制"，建立完善的师德考核制度。

8. 创新师德教育手段，推动师德教育融入教师专业发展培训，

着力提高全员师德修养完善宣教体系，注重选树宣传师德先进典型，开展"不忘初心

· 105 ·

立德树人"主题教育、"做立德树人好老师"先进事迹宣讲活动等,讲好师德故事,弘扬高尚师德,强化教育感召,营造崇德敬德良好氛围,引导广大教师以德立身、以德立学、以德施教、以德育德,坚持教书与育人相统一、言传与身教相统一、潜心问道与关注社会相统一、学术自由与学术规范相统一,争做"四有"好老师,当好"四个引路人"。

9. 建立师德舆情反应机制

对于师德建设中出现的热点难点问题,要及时应对并有效引导。组建校、院(系)两级师德舆情监控信息员队伍,通过各种渠道全面收集学校师德舆情信息,及时了解和掌握学校师德舆情动向。对于舆情反映的突发性师德重大问题,校院(系)两级上下联动,迅速启动应急预案,认真调查核实。如情况属实,按照规定程序严格查处,尽快消除负面影响。如与事实不符或者出入较大,要及时予以澄清说明。

10. 建立师德重大问题报告制度

基层单位发现师德重大问题,要在第一时间调查核实并按权限做出处理或提出处理建议,并及时向党委教师工作部和相关部门如实报告,不得迟报、漏报、瞒报、谎报。

(三)健全高校教师师德考核的常态化机制

1. 师德考核目标与要求

师德建设是对我校教师自觉践行新时代"四有"好老师、"四个引路人""四个相统一"的时代要求和恪守职业道德情况的评定,并通过考核结果的反馈促使教师自觉提升职业道德修养,践行教师职业行为准则,强化以德立身、以德立学、以德施教、以德育德的职业追求,自觉担当起新时代教师的神圣使命。将师德考核工作摆在教师考核的首要位置。师德考核要尊重教师的主体地位,遵循教师职业发展特点,促进教师专业化发展;坚持公正、公平、公开、激励和约束相结合的原则,充分发挥考核的导向作用,引导广大教师自觉践行师德规范,不断提高自身修养和师德水平。

2. 完善师德考核方法与程序

平时考核由各教学单位自行组织,注重考核教师日常师德表现和遵守纪律、履行岗位职责等情况。学校实行动态考核,实时记录教师违反职业道德的行为,每学期进行汇总并通报。师德年度考核每学年进行一次,与教师年度考核一并进行。由各二级单位师德考核工作小组具体组织开展,并做出考核等级评价。考核方法及基本程序:个人自评、综合评议、研究确定、结果反馈、结果公示,学校师德考核委员会审核,考核结果存入教师人事档案,在测评中注重对教师的综合评价。教师本人对评定结果有异议,或在公示期内有情况反映的,由所在单位考核工作小组负责组织核实相关情况,依据事实和相关规定做出评定。教师对核实后做出的评定结果仍不同意的，可在被告知结果一周内向学校师德考核委员会申诉。

3. 加强师德考核结果的运用

师德考核结果纳入教师年度考核和聘期考核，作为评优评奖的首要依据。师德考核结果运用于教师管理和职业发展全过程，师德考核结果为优秀的教师，所在单位应进行公开表彰，并作为校级及以上师德推优优先人选。同等条件下，师德考核优秀教师在岗位聘任、职务（职称）晋升、导师遴选、项目申报、评奖评优、干部选任、公派出国、绩效分配、工资晋级时应优先考虑。

师德考核结果为基本合格的教师，其年度考核结果不能评定为合格及以上档次。所在单位党组织应及时开展诫勉谈话，对其批评教育，督促其改进提高。师德考核结果为不合格的教师，其年度考核应评定为不合格，实行"一票否决"，根据情节轻重给予相应处理或处分。情节较轻的，给予责令检查、通报批评，以及取消其岗位聘任、职务（职称）晋升、导师遴选、项目申报、评奖评优、干部选任、公派出国、绩效分配、工资晋级等方面资格。担任研究生导师的，还应采取限制招生名额、停止招生资格直至取消导师资格的处理，以上取消相关资格处理的执行期限不得少于24个月。情节较重应给予处分的，还应给予警告、记过、降低专业技术职务等级、撤销专业技术职务或行政职务，解除聘用合同或开除等处理。情节严重、影响恶劣的，应报请主管教育部门撤销其教师资格。是中共党员的，同时给予党纪处分。涉嫌违法犯罪的，及时移送司法机关依法处理。

4. 完善组织机构建设与制度保障

校党委书记和校长共同管理师德考核工作，共同承担师德考核责任，是师德建设的第一责任人。二级单位党政主要负责人对本单位师德考核工作负直接领导责任。学校成立师德考核委员会，负责指导、组织、协调全校师德考核工作，审定考核结果。委员会主任由党委书记、校长担任，副主任由主管干部人事工作的校领导、校纪委书记担任，委员包括党委组织人事部、党委宣传部、党委学生工作部、纪检监察办公室、教务处、科研处、研究生院、国际交流与合作处、工会、学术委员会等部门或组织负责人及教师代表等。委员会办公室设在党委组织人事部（教师工作部），负责师德考核日常工作。二级单位成立师德考核工作小组，负责组织实施本单位教师师德考核工作，确定师德考核初步意见和考核档次。工作小组组长由各单位党政领导担任，成员包括教工党支部书记、其他班子成员、教师代表等。

三、深化教师专业发展与师德师能"双提升"

（一）丰富教育培训

加强教师政治能力训练和实践锻炼，围绕立德树人根本任务，着眼意识形态安全，将增强教师政治能力与业务能力相结合，强化教育培训，确保教师政治能力和业务能力齐头并进、高度统一。

1. 注重系统性

教师的政治能力是一种综合性能力，其提升不是一蹴而就的，必须要有系统的教育培训。要着眼教师辨别政治是非、保持政治定力、驾驭政治局面、防范政治风险、增强政治引领等方面能力，系统设置学习教育和培养培训内容，增强教师从政治角度分析、研判、处置问题的水平。

2. 注重针对性

要结合高校工作特点，把提升教师意识形态工作能力作为重点，通过专题培训等方式，讲清、讲明、讲透各种错误思潮、错误思想的源头、发展和危害，着力增强教师政治敏锐性、政治鉴别力和政治引导力，提升教师意识形态的工作能力。

3. 注重特色性

结合各高校或院系特点特色，有针对性地开展教育培训，如外语类高校可以强化对海归教师、外教等重点群体的教育培训，民族类高校可以强化对教师民族政策、民族问题等内容的教育培训，通过更加贴近学校实际的教学设计，增强工作实效。

（二）建好教师发展中心

教师发展中心坚持以"引领、论道、传承、创新"为使命，通过体系化师资培训、沙龙、校际交流等形式，实现立师德、正师风、强师能的良好实效。

1. 强化统筹兼顾

注重统筹协调，高站位科学谋划教师发展中心工作，着力构建完善教师发展服务支持体系。注重统筹校际、校内资源，构建起支持教师专业发展的配套制度、师资力量和课程体系，着眼教师发展与教师思政、师德建设、人事管理、职称评聘、考核评价等环节的贯通融合，使教师发展工作以教师需求为根本出发点和落脚点，同时有抓手、能落地，发挥出合力效应。

2. 增强培养培训的系统性、针对性

着眼实效管用，开展分类分层分岗位的专门化培训，制定相关发展工作规划，坚持点学与选学相结合、集中与分散相结合、时政与专业相结合、理论与实践相结合，形成较为完善的专门师资库和"菜单式"课程建设，打造覆盖全员、开放灵活，科学化、分层次、有针对性的教师发展培养培训体系。以新入职教职工、近三年入职青年教师、中青年教师、学科骨干教师、科研骨干教师、科级及以下管理干部等为培训对象，精准开展系统化有针对性的专门培训，强化协同衔接，切实提高教师业务能力和综合素质。开设教师发展论坛，开展"五年百论"活动，邀请国内外优秀专家学者与我校教师开展教学方法探讨、教学经验分享、现场教学观摩、科研能力提升等培训、交流活动和人文素养、师生关系、心理健康等素质拓展类沙龙、讲座等，贴近教师实际需要，解决教师实际问题，着力全面提高教师综合素质。

3. 着力提高教师教学能力

完善督查督学机制，充分发挥督查督学室作用，强化学校、教务处、院系组织的三级听课制度，建立相对固定的专业化教师教学评估队伍，对青年教师督导听课全覆盖，推动教学评估与监控常态化。系统设计学校教学质量保障体系，建立健全各环节教学质量标准，完善学生评教机制，狠抓教学秩序，严格过程管理，推动教师回归教学本位，提高教学能力，提升课堂教学质量。互联网时代，新媒体新技术深度发展，教师发展中心为探索更有效、更鲜活、更开放的方式开展教师工作提供了有力抓手。在线课程建设作为新型教育方式被推向热潮，更突显了运用现代传播手段和信息技术对教师开展教育引导的重要性和迫切性。推动在线课程和智慧教室建设，推动教师系统掌握"互联网+"手段改造传统教学，提高信息化教学水平，实现翻转课堂等混合式教学模式改革。引入北京高校青年教师教学基本功比赛赛制，举办全校青年教师教学基本功大赛和青年教师微课比赛，充分发挥教学大赛在提升教师教育教学基本能力和综合素质方面的示范引领作用，促进青年教师在比赛中更好更快成长，有效提高教师的教学能力。

4. 全面提升教师科研水平

教师发展中心与学校科研处合作，强化科研培训力度，开展涵盖高水平论文、科研项目和咨政报告撰写、申报、结项等各环节系统培训，注重加大省部级及以上科研项目帮扶力度。学校实施"启航计划"，为新入职青年教师提供必要科研经费，鼓励支持科研创新，帮助青年教师打下坚实科研基础，致力于全面提升教师的科研水平。

5. 搭建交流平台优化服务

充分发挥教师发展中心育人服务的基本职能，进一步完善人文关怀和心理疏导机制。筹划创办教师发展中心专题网页、微信公众号，逐步构建完善网络新媒体交流互动平台，线上线下多途径收集受理教师意见建议与咨询事项，有计划、有针对性地开展专家指导和个性化诊断等，优化教师发展中心服务职能，成立青年教师联谊会，努力打造品牌，形成积极正面影响。

第六章　大数据视角下高校师资队伍建设

第一节　大数据视角下高校教师队伍的组成与建设

一、大数据视角下高校教师队伍的组成

教师队伍是高校教育竞争力的核心，无疑也是高校最重要的人力资源。大数据时代下，高校教师队伍的组成就是人力资源的组建。从人力资源的角度来看，人力资源的"组织"就是高校，房屋、土地等资产以及人构成了各种类型的资源，这些资源是高校提升教育竞争力所不可或缺的。对于高校来说，作为核心资源的教师，是高校最为重要的资源。分析大数据时代下高校教师队伍的组成，其实就是在对大数据时代下高校核心人力资源的组成进行分析。由此可见，对于这一问题，从人力资源的角度来看待，可以获得更好的效果。

大数据时代下，信息传播极其发达，对于高校发展提出很大挑战。面对这样的时代特点，高校更应该将教师队伍这一基本的、核心的资源打造到极致。要想在大数据时代下实现高校自身的快速发展，培养出适应时代的教师队伍是高校建设永恒的、最基础、最重要的任务。适应大数据时代的高质量教师队伍，必然要有一个科学、优化的整体，而这样的整体必然是由高水平、高素质的教师所共同构成。

（一）人力资源配置理论及层次

对于人力资源配置这一问题，不论是国内还是国外的学者都有着不同的看法和解释。通常会有三种较为普遍的认知：第一种，认为人力资源配置是对人员进行岗位安排，确保人人有事可做，每个岗位有人能够担任；第二种，更加重视人员和岗位的双向选择与匹配

程度；第三种，相对来说更为全面，认为人员不仅应该适应相应岗位，还能够与周边环境、人际相互适应，重视岗位匹配度的同时还重视社会性等各种影响关系。总结上述三种观点来看，人力资源配置绝不是一件简单的事情，不仅要做到人尽其用，还要注重整体效果。我们可以将人力资源配置看作是一种根据一定标准和需求把劳动力分配到社会生产以及各种经济活动当中的过程。笔者认为：从过程上看，人力资源配置与开发人力资源有着密切的联系，是实现人力资源价值的重要环节；而从结果来看，人力资源配置是满足社会经济活动而对人力资源进行配备所呈现的一种结果。

某著名学者将人力资源配置方式分为两种层次，分别为宏观层次和微观层次。宏观层次的资源配置，是指资源不论如何配置，最终各个环节或部门都可以发挥作用，呈现出资源配置的合理性。而微观层面的资源配置，则要具体到一个部门、一个生产单位是如何运用资源的，各个单位能否有效地利用拥有的资源，从而输出最大的产量。如果将这种人力资源配置的理论应用在高校人力资源配置方面，就可以更为灵活地为高校教师队伍的管理和组成提供指导。通常来说，运用宏观配置实现的人力资源配置被称为高层次配置，而在部分高校当中的微观配置被称为低层次配置。两种层次的划分是根据方式方法的不同来设定的，通常来看，运用技术调控或总体管理手段来对资源进行调整，从而实现提高效率的目的，就属于低层次的人力资源配置；运用宏观调控的手段对人力资源流动和配置的方式就是高层次的人力资源配置。

从宏观角度来看，人力资源在配置上通常有三种模式：第一种是计划配置。这种配置模式是根据职位规划、比例对劳动者进行岗位分配，将人力资源根据各个部门的需求来完成配置。第二种是市场配置。这种方式是根据人力资源的供求关系，以及劳动者和单位之间是否相互认可来决定的。第三种是综合型配置，这种方式融合了前两种配置模式，是将计划和市场相结合的一种人力资源配置模式。总体来看，宏观角度下的三种配置模式是在劳动者和单位之间建立一种相互匹配的关系。

从微观角度来看，人力资源配置有三种模型：第一种是"人岗关系"型。这是根据岗位需求来对人员进行分配，通过招聘、竞争、试用等方式实现人员和岗位高匹配的结果。第二种是移动型配置。这是通过对人员的岗位进行上下、左右的移动来满足岗位的人力需求，通常表现为职位的晋升、降职或是平行调动。第三种模型是流动配置型。这种模式是利用单位内部的人员流动来确保岗位人力需求，通常的表现形式包括安置、调整以及辞退。

（二）大数据视角下高校教师资源的特点

高校管理方式与其他企业组织不同，同样也不同于政府组织。政府组织在人员管理方面，有着严格的上下级关系，下级要对上级负责，并遵照上级委派完成工作任务。企业组织最终的发展目标是获取更大的经济效益，由此可见，企业通过利益来维系整个组织的运行和管理。对于高校来说，最核心的人力资源是教师队伍，是学术人力资源，这样的人力资源是不能用企业或政府的管理方式进行配置的。高等学校的特殊之处在于，其整体是一个有序的组织，但是内部又呈现一种无序性。这是因为任何高校都必须要有完整的管理和组织结构，在有序的组织下，各个部门才能有序地进行工作。只有在完整的管理架构之下，高校在财务、人力和研究等方面的工作才能有所遵循，形成一套有组织的机制和规范。高等学校是以培养符合社会需求的高等人才为目标，虽然高等教育随着发展越来越丰富，但是其根本目标仍没有变。所以，高校教育的发展根基还是要抓住培养人才的重点。

高校的人力资源具有一般人力资源的共同特点，只有了解其个性特征才能对高校人力资源更好地运用和配置。高校人力资源有很深厚的人才存量。高校是孕育高等人才的摇篮，高校的教学科研队伍是高校的核心人力资源，同时也是人类社会文明的传承者。这些高等人才队伍肩负着培养人才、科学研究以及其他社会工作的责任，他们普遍有着较高的能力和才能。由于拥有着丰富的人才储备，因此高校的人力资源有着丰富的存量。高校的人力资源还具有高层次特点。高校教学科研人员普遍有着优越的教育背景，掌握着专业甚至是尖端的知识技能，他们更具有个性，更注重个人能力的表现。

高校人力资源还有共享性特点。所谓共享，是指人自身的能力和才能可以被重复使用。在如今的现代化社会，人才成为众多企业机构争抢的对象，高校教师队伍有着优越的专业能力，因此相当一部分教师不仅在高校有着本职工作，还有社会兼职。对于高校人力资源管理者来说，如何在教师的本职工作和兼职工作之间做到平衡，是必须考虑的问题。高校教学科研人员具备出众的能力，往往有着更大的人生理想，高校如何满足这些人员的理想，也是高校必须考虑的问题。

高校人力资源另一种与其他人力资源不同的特点就是高校人力资源的劳动成果难以进行量化。高校人力资源属于脑力劳动者，脑力劳动是难以量化的，难以对高校人力资源的劳动进行监控，这是一种无形的工作。高校教师不仅承担着教学的任务，相当一部分教师还是科研工作者，科研工作耗时长，要投入大量的精力进行科学思考。这些无形的工作难以计量，另外高校教师优秀的思想对学生才能的提升甚至未来人生的影响都是难以估计的。由此可见，其工作成果难以实现量化。高校虽然是高等人才的摇篮，可是人才稀缺的情况也并不少见。随着时代的发展，社会和时代都对高校教师的能力提出了更高的要求。高校教师不仅要具备扎实的专业理论基础和一定的科研能力，跨学科的能力也成为高校教师需要具备的能力。同时，其他企业组织对人才的渴求度日益提升，都成了高校争夺人才的竞争对象。

（三）大数据视角下高校教师队伍的构成

大数据视角下，高校的组织运转要更具有效率，处理信息能力要不断加强。作为高校核心人力资源的教师，在自身提升能力的同时，高校人力资源管理者也要更新观念，对高校人力资源的构成进行重新组合。到目前为止，高校人力资源的构成仍有多种观点。笔者认为在大数据时代下，高校教师队伍由具备教师资格高级知识分子组成，是整个教师队伍组建的基础。在高校教师队伍当中要明确分工，教学、科研人员的职责要清楚标明。教学人员的主要职责是培养人才，承担授课的任务。科研人员则是要承担科学研发的工作。高校教师队伍主要就是由教学人员和科研人员所构成。负责管理的是职员队伍，管理人员不仅负责教师的管理工作，还要承担学生的管理职责，是保证高校正常运转的职能人员。

建立大数据时代高校教师队伍，要从两个基本方面进行考量。首先是教师群体素质结构方面，所谓群体素质，也可以说是高校教师队伍组建的"硬实力"，包括年龄、职称、学历、学科以及学缘等。高校教师队伍的年龄结构应该均衡，教师年龄梯队应该保证老中青三个年龄段的分布。注重年龄搭配，可以避免教师队伍出现年龄断层的情况，做好年龄结构布局，可以为高校的人才储备提供一定指导。职称是展现教师素质的参考之一，通常来说，在一所高校当中，教授、副教授的比例越高，说明该校的教学科研能力越强。

学历是教师教育背景最直接的展现，高校教师队伍当中高学历比例高，一定程度上来说，教学和科研能力也就高。高校教师学科分布，展现了一所高校的办学特点。从传统来看，工科院校当中工科教师比例相对较高，师范类院校当中师范专业教师比例相对较高。但是随着高校发展以及跨学科、文化多元等理念的推广，越来越多的高校开始向综合类大学发展，教师队伍当中学科愈加丰富。

教师个体素质结构可以看作是高校教师队伍的"软实力"，包括理论知识、综合能力、道德素养、生理心理状态等。高校教师具备扎实的理论知识是必备的能力。理论知识不仅包括本专业及教育学科理论知识，还应该掌握本学科相关的跨学科知识，增加自身理论知识的广度和深度都是高校教师必须具备的基本能力。综合能力指的是教师应该具备较强的逻辑、观察、教育、表达等多方面的能力，这是教师整体素质的展现。另外教师还应具备良好的道德素养。正确的世界观、价值观才能带给学生们正确的思想导向。

对高校教师队伍进行配置组成，要确立目标。没有明确的目标，高校教师队伍的构成配置就会盲目没有方向感。高校教师队伍的组成应符合高校自身的特点，并结合教师人力资源的特质。前文提到高等学校不同于政府、企业组织，在组成教师队伍的过程中要考虑多方面的元素。高校不是独立存在于社会中的，高校应该对市场需求有更多的了解，政府不能对高校直接干预，但是政策性的指导也是不可缺少的，市场、政府、高校三者之间存在相互依附关系。高校教师队伍的构成也要考虑到社会及政府，坚持高校公益性的前提，加强教育公平的推进。

高校教师本身也是具有特点的，特别是在新时代下，高校教师不能再用传统的观念去定义。因为在大数据时代下，高校教师有着更多元的价值观，高校教师也是普通人，同样有着多样的需求。物质收入是满足生活的保障，这是最基本的需求；精神层面的，被认同、被尊重的精神需求也同样是高校教师所需要的。所以，在大数据时代下，高校教师呈现了多元的需求性。总体来说，高校教师队伍的组成不是高校挑教师，也不是教师肆意选岗位，而是市场、高校、政府以及教师本身需求的综合结果。

二、大数据视角下高校教师队伍的建设基础

对于高校管理者来说，大数据视角下高校教师队伍的建设要更新理念，"以人为本"是在人员遵守管理制度的基础上必须具备的管理理念。"以人为本"强调了"人"的地位，重视被管理个人的自我需求。从高校的角度来看，"以人为本"就是将教师放在了核心位置，真正关注教师的需求，不仅仅是物质，更包括了精神层面。在管理方面，注重教师全面、健康的发展，积极推动教师参与教学和科研，满足教师的需求从而实现教育的效益最大化。高校还要为教师的个人发展提供平台，教师个人综合素质的提升最后还将反馈给高校。高校要设法将教师个人的发展目标与高校的发展需求相连接，从而实现教师个人与高校集体的共同发展、成长。

（一）大数据视角下高校教师队伍建设理念

1."以人为本"理念

高校所承担的责任众多，除教学、科研外，还承担着社会服务职能。教师作为高校人力资源的核心力量，是发挥高校职能的主体，特别是在教育与科研方面有着难以替代的作用。因此，高校管理更应该将人放在中心地位，重视教师的地位，将满足教师的需求放在重要的位置，提升教师工作的主动性和创造性，实现"以人为本"其实也是高校进一步发展的要求。贯彻"以人为本"的观念，最终实现"人本管理"。树立人本管理的思想需要在以下几点加大努力。第一，将教师作为人力管理的中心，重视教师的位置，通过多种手段来激发教师积极性。第二，教师的职业发展也关系到高校的发展，因此管理活动要以教师为中心，推进更多的活动。第三，高校对教师应该做到尊重、理解，提升教师的自信心，给予教师更多的认同感，激发教师的潜能。通过对人员队伍实现人本管理，从而建立一个勤于学习的整体氛围，由教师带动学生，在良好的氛围之下打造孕育人才的摇篮，将高校的职能充分地发挥出来。

2."能本管理"理念

与"人本管理"相搭配的另一个理念就是"能本管理"理念。这一理念就是将能力作为岗位任职的基础所进行的管理方式。将能力作为人员管理的基础,通过科学而有效的方式将人员的最大潜力发挥出来,在最大化地实现个人价值的同时,也为整体实现了巨大的进步。在大数据时代下,知识就是力量,智力和技能变得更为重要,而创新能力又是在知识、技能的基础之上推动甚至改造世界的重要能力。将能力放在重要的位置,把不同的能力发挥在相应的岗位上,在实践当中有着广泛的应用。

大数据视角下,竞争日益激烈,高校之间同样也面临着巨大的竞争。大数据时代为高校提供了发展的巨大空间,也加强了高校间的竞争。可以说,高校提升自身竞争力已经变得刻不容缓。高校在人员管理方面要紧跟时代发展,推行"能本管理"的理念适用于高校教师队伍的管理和配置。高校在教师队伍的组建和配置方面,要将教师的知识、技能、创造力以及合作能力列为首位,高校的发展需要教师来推动。教师自身能力的提高能够更好地展现自我的人生价值,同时也能够推动高校发展,贡献自己的力量。对于高校来说,以教师为中心,重视人才,对每一位教师的努力给予尊重和鼓励,将能力作为衡量教师的重要标准,从而激励教师进一步提升自身,发挥更大的潜力。

高校实行教师岗位配置要做到人尽其才,通过"能本管理"将教师的各方面能力发挥到极致,实现个人与集体双重价值的实现,而"人本管理"则强调了教师个体的地位,有效地提升了教师的积极性,提升了高校的运转效率。"能本管理"与"以人为本"两种观念共同推行并不矛盾,而且会相互助力,产生更大的积极作用。在大数据时代下,个人的时间能力、创新能力在经济发展当中发挥着重要的作用,现代管理也由机械、命令式的管理发展为"人本管理""能本管理",以至于今天的"以人为本"的观念。"人本"和"能本"都不可或缺,都是大数据时代下高校教师队伍管理与组建必须具备的思想观念。

(二)高校师资队伍配置机制

1.高校师资队伍建立的基本关系

高校教师资源的配置受市场与政府两方面影响,所以改善高校教师配置机制要从两个方面来考虑。第一,确保市场的调节作用;第二,政府的干预性不可缺少。如何在两者之间实现平衡,寻找到最佳的支撑点,是改善高校教师配置机制的关键。配置高校教师队伍的前提是分析在大数据视角下人力资源配置系统中各个运行主体以及各种基本关系的确立。

2. 创新教师管理模式

（1）建立开放的编制管理。为了提升用人效益，教育主管部门对高校教师职务的评定正在逐步向教师职务结构比例宏观指导的方向发展，进而将会发展为高校自主控制、自主建立教师队伍。由此可见，高校在师资管理方面的规划要具有开放的观念，不仅要吸引人才还要能够留住人才，对人才进一步培养。另外随着发展，当前高校的教师编制已经呈现固定编制与合同制相结合的聘用方式。在大数据时代下，高校固定编制教师必然会越来越少，逐步减少教师固定编制来增加流动教师比例。从而为高校之间互聘教师以及聘用更多有能力、有经验的社会人才，最终建立一支以中青年教师为主力、兼职教师为辅助力量的相对稳定但又具有开放性的教师队伍。

（2）开放的聘任方式。开放的聘任指的是在教师聘任方面，高校与教师个体相互平等，建立清晰明确的聘用关系，聘用流程严格遵照法律规定，制定双方满意的契约，推行双向选择、双向竞争的机制。打破传统高校教师固定编制的束缚，教师和高校都有充足的自由选择权利。通过这种方式，双方制定法律契约既能够保障双方的合法权益，还能够使双方有巨大的选择和发展空间。高校教师论资排辈的时代早就过去，要想实现高校教师队伍的发展必须推进竞争择优的聘任制度。由曾经行政任用关系向平等协商的聘用合同关系转变，是高校组建适应大数据时代教师队伍的特点。

（3）科学的考评方式。教师队伍要不断推进教师的考评管理制度，通过科学的考评标准和方式，对教师的工作进行严谨、客观的考核。通过考评来对教师工作进行评定，进而与教师的晋升、奖惩联系起来，可以进一步激励教师更好地工作。高校必须考虑到教师对于工作的主观热情，利用物质与精神的激励，让教师获得更强的工作积极性。同时，高校管理人员应该意识到，对教师的激励要尽量顾及教师的个性特点，满足教师的个性化需求，这样往往会起到意想不到的激励效果。

（三）高校师资队伍优化配置

1. 优化高校师生结构

师生比直接反映了高校的办学效率和办学质量。随着我国社会的发展，在大数据时代下，高校不断扩招，导致每年高校招生数量都呈上升趋势。部分高校教师不仅要承担教学任务，还承担着科研的工作或是研究生教育工作。大量高校学生必然会给高校教师带来更重的教学任务，导致工作效率降低。合理的师生比能够使高校保持高效的办学状态。高校应该严格控制后勤人员的数量，后勤人员占据高校职工比例越高，高校办学效率就越低。在大数据时代下，高校要革新后勤工作，对行政管理和教辅后勤等机构进行简化，精简后勤人员，增加教学人员，将更多的编制与聘任机会留给教师与科研人员。

2. 职称结构优化

职称反映的是高校教师队伍的教学科研能力。高校教师队伍属于高智能、高水准的人力资源。对高校的师资职称结构进行优化，可以更好地发挥高校教师队伍的教学科研能力。建立科学合理的职称梯队，对于提升高校办学水准有着重要意义。

高校教师职称级别可以分为高、中、初三个层级，高级为副教授以上，中级为讲师，初级为助教。对三个层级进行比例优化当前还没有统一的观点，但是，从当前我国高校实际情况来看，实行"二四三一"的职称结构更为适合，也就是助教、讲师、副教授、教授的比例为 2:4:3:1。"二四三一"的模式也仅仅是作为参考，高校在教师职称结构优化上还是应该以自身发展实情为准。职称结构优化应该做到分学科地进行，教师职称结构不是一成不变的，要考虑到教师流动的情况，确保高校办学水平。对职称结构优化实际上是打破了传统职称结构，推进职称评定的新方式，激活高校教师队伍的积极性。

3. 学历结构优化

学历反映了教师的教育背景，一定程度地成为教师业务能力的参考标准。进入21世纪，我国愈加重视全民受教育情况的提升。如今，我国以教学科研为主的高校在聘任教师时更是将硕士学历作为最低入职学历。可以说，我国在推进教育改革上下了巨大的努力，不过优化高校教师学历结构的工作仍要坚持。高校教师招聘标准不能降低，将硕士学位的教师作为主力的同时，要继续引进博士学位的人才，革新激励人才的制度，吸引更多的人才加入高等教育事业当中。对在职教师的继续教育不能停歇，鼓励教师继续学习，为高校在职教师继续攻读学位提供便利的渠道。优化高校教师学历结构，推进高校不断发展。

4. 优化年龄结构

大数据时代下，高校教师的年龄结构从一定程度上反映了高校教师队伍的活力。年龄小的教师，有更充沛的精力，学习能力更强，特别是在大数据时代下，年轻教师有更强的信息收集能力。但是年轻教师相对经验少，在教学与科研方面还需要更多的历练。而年龄大的教师经验更加丰富，对学生的指导水平会更高，同时，年龄大的教师精力较年轻人更少，学习能力要低于年轻人。所以，高校教师年龄结构必须合理，需要保持教师队伍当中各年龄段的平衡，符合自然规律。从总体来看，高校教师队伍的设立应设置为金字塔结构，青年教师稍多于中年教师，中年教师稍多于老年教师。确保教师队伍的活力，同时一定程度上又要保留老教师的经验，做好老、中、青三代教师的比例控制，推进高校教师队伍的建设。

第二节 大数据视角下高校教师队伍的
建设面临的困难

一、大数据时代高校教师队伍建设面临的问题

(一) 教师配置效率低

我国大力推进高等教育发展，我国高等院校大规模扩招从而建立了较大规模的高等教育体系。在这样的背景下，高等教育资源配置也相应发展。可是相应带来的问题也日益显著，高校学生数量急剧增加，可是高校教师数量增长缓慢，导致师生比例失衡，难以确保教学质量。因为师生比例失衡，所以我国高校常出现百人甚至百人以上的大课堂局面，甚至部分院校在专业课程上也出现大课堂的情况，这就说明缺乏专业教师。由于师生比例失衡，某些院校会安排一些专业性不强甚至重复性的课程，避免因为教师不足导致学生难以完成学分。这样一来不仅耽误学生时间，更降低了学生的学习热情，拉低高校的办学水平。

(二) 年龄结构不合理

高校教师年龄结构指的是教师队伍的平均年龄以及年龄阶段的分布状况。年龄结构不仅反映了教师队伍的活力，也体现了其创造力的水准。对于高校来说，教师年龄结构分布不仅仅要看年龄比例，还要看在高、中、低三个职称当中年龄的分布情况。应该确保高校教师三个职级当中均有老、中、青三个年龄段的教师。随着我国高等教育的发展，中青年教师数量不断增加，所以近年来中青年教师比例也呈升趋势。当前我国比例的发展趋势是高级职称当中的中青年教师比例越来越高，说明中青年教师成了高校的教师主力，推动高校发展。但是，年龄结构出现的一个问题就是当前我国高校教师当中，高级职称中55岁以上的教师比例仍然较高，这说明中青年教师的能力需要提高，增加中青年教师在高级职称当中占据的比例。

(三) 师资浪费现象

所谓"师资浪费"，是指高校教师队伍不够稳定，高校教师将精力投入到与教学科研无关的方面。

"师资浪费"呈现为两种情况。第一种是智力外流。高校教师为了获得更多的经济收益，往往在社会从事其他工作，导致高校工作受到影响，这种情况就是智力外流。随着高

校独立性越来越强,高校为了留住人才,对于高校教师的待遇和补助越来越重视,同时国家也大力扶持高校的发展,社会对于教师的认可度越来越高。青年教师的流失也有所缓解,但是这种"师资浪费"的隐性流失仍然存在,这也给高校师资管理者敲响了警钟。不能控制这种隐性流失,不仅会对高校的发展产生阻碍,甚至会对我国教育事业的前进造成不良影响。"师资浪费"的另一种表现就是骨干教师更青睐于行政职务的提升。部分教师受"官本位"思想的影响,热衷于行政管理岗位。教师在担任行政职务后精力必然会被分走,教学和行政分属两个领域,同时进行必然消耗大量精力。教学工作的质量也就必然会下降。高校发展的根本在于教师资源,教师重视行政工作,教学工作必然耽搁,高校的发展必然会变得缓慢甚至停滞。

二、大数据时代高校教师队伍建设问题出现的原因

(一)环境因素

1. 政府资源配置方式的问题

我国在20世纪末大力发展高等教育,对高等教育发展投入的经费逐年增加,可是与发达国家相比仍然有一定的差距,同时高校却又快速进行发展和扩张。高校的人力资源配置行为也受市场影响,导致了遏制不均衡、不合理的情况。这种不均衡、不合理的表现有三点:第一,为了获得更快发展,高校快速扩招,学校规模不断扩大,可是最终导致大量学生没有足够的教师来进行授课,导致高校教学能力下降。第二,高校追求的目标过大。在21世纪初,部分高校打出创办世界一流高校的口号,但是自身的能力在国内尚不能跻身一流大学。投入大量的成本,最终导致学校内出现"有大楼,没大师"的尴尬局面。第三,高校相互攀比。由于教师资源配置不均,部分高校为了获得更多的师资满足自身需求,不顾教育市场发展规律盲目升级,在教师资源上盲目扩张,四处"挖角",导致高校之间产生不良竞争,甚至出现为争抢人才而进行高消费的冲动行为。

2. 政府调控不力

政府应通过对人才市场的支持进而促进人才资源配置的合理化,从而符合市场对人才资源的需求。政府要以经济发展为目标,充分利用经济、法律以及行政手段,对人力资源、市场进行科学的引导,并加以科学、严格的规范,最终降低甚至是克服人才市场存在的弊端。当前,人力资源被各区域分割占据,各地为了保留人才纷纷用尽手段。由于各自为政,难以建立有效、科学的人力资源预测体系,对人力资源难以实行科学规划、科学指导,所以高校在教师资源组建上就存在困难。这需要政府加大调控力度,打破人才隔阂,将不公

平的现象消除，建立公平、合理的政策规范。

3. 高校教师资源配置转换缓慢

我国在高校人力资源配置上由计划向市场进行转变，管理模式也由封闭向开放转变，可以说我国高校人力管理有了巨大的改变。不过，这些转变还存在于物质层面，高校的人力资源配置还需要进一步实现发展。高校所提供的高等教育属于社会公共产品，是高校实现社会化的重要途径。政府在宏观层面所运用的方式是通过调控来对高校人力资源配置进行引导。人才市场还存在弊端，导致人才资源不能合理地流动。人力资源配置速度运作缓慢直接影响了大数据时代下高校改革的推进。

4. 科研工作呈现行政化

高校传统的管理模式有很强的行政管理倾向，可是这样一来就忽视了教师本身的精神需求和精神价值，导致教学、科研工作向行政工作倾斜。原本高校行政机构应该是服务于高校教师队伍的，行政为教育做好坚实的后盾确保教育工作有序展开，可是如今行政管理教育导致位置颠倒。高校行政机构管理者以管理者的身份行事，致使教师成为被管理者。一些教师价值取向由教育走向行政，职位高于学识，权术重于学术。这样的状况下，与高校重视人才、发展学术的理念就背道而驰。高校想要组建教师队伍，想要培养更多的人才，就必须对自身的内部环境进行优化，提升高校教师人力资源的深度，营造良好的学术研究氛围。

（二）管理理念

随着思想的不断发展，在大数据时代我国高校在人事管理方面虽然已经取得了巨大的突破。但是，我们也应该意识到，高校在人力管理理念方面还有所欠缺。对于教师的管理理念仍然受传统固有观念束缚，一些高校人力管理人员在思想上仍旧将人事工作当作行政职务进行，模式还存在僵化的状况，不能做到以人为本的管理。很多高校人事管理人员没有意识到，教师是高校的立身之本，只是将人力当作成本，实现简单、模式化的人事管理流程。如果观念不更新，就容易出现轻视人才而重视岗位的情况，没有与高校教师资源实现良好的沟通。一些管理人员仍旧秉持着大投入才有大回报的观念，重视物资设备发展却轻视教师队伍的建设。资金对于高校的发展固然重要，但是没有高水准教师队伍，也会使高校发展陷入困境。

（三）管理机制

为了适应大数据时代，很多高校都在人力资源规划、人才管理和引进方面积极地进行探索和实践，并取得了一定成果。遗憾的是当前我国部分高校在教师队伍的建设和管理上没有长期规划。人力资源规划是考察人力资源管理的重要标志，也是人力资源发展、组织发展的必然选择。部分高校缺乏规划，就算有很多规划也无法深入展开，难以对组织、管理等深层次活动产生影响。

1. 科学、规范地聘任人才

我国高校在聘任教师方面应该建立科学、规范的聘任制度，但是我国高校在这方面做得还不够。虽然当前我国重视人才的引进和聘用，可是在人才后续的培养上却没有提供足够的资源。部分高校在聘任教师方面，过度重视高水准、高职称的人员引进，虽然暂时提升了教师队伍的水平，可是却忽视了当前在职教师的培养。对于在职教师，部分高校没有提供足够的资金和平台，导致在职教师另寻高就。这就出现了一种奇怪现象：高校不断引入高水平人才，可是校内的教师骨干却难以长久稳定地在校内工作，纷纷流失。部分高校将有留学经历的人才放在重点，甚至认为有留学背景的人才绝对强于本土教育背景的人才。这就出现具有留学背景的教师待遇高于本土教育背景的教师，由于待遇不公平，导致很多人才流失。

人才流动滞涩、人才难以人尽其用。由于部分高校没有对人才资源进行整体规划，所以就没有人才发展的规划。为了避免人才流失，部分高校不得已限制教师的发展，降低教师的流动性，将教师限制在高校内部进行流动，对教师的人员以岗位划分，但是却缺少后续的跟踪考核。人员任职后，基本就很难再进行调动，想要更换岗位难上加难。面对这种情况，必须推进打破终身制的改革，高校对于职务的聘任应秉持双方自愿、公开选拔、竞争上岗的原则。推动人员的工作积极性，促使人员进行自我提升，有利于人员流动，打开了职务、职称的晋升通道，缺少考核办法也难以对人员的工作进行科学、合理的评价。因此，仅仅通过打破职务终身制的方式是远远不够的。改革的不彻底会引发一系列问题，部分高校存在教师的数量和质量难以满足学生数量的不断增加以及学生快速增长的求知欲，尤其是高水准的教师数量严重不足，难以满足教学与科研需求。由于人力资源管理改革不够彻底，遗留问题仍旧严峻，高职低聘、低职高聘的情况难以形成可行的处理方式，专业技术职务的聘用上，也没有实现灵活的上下变动机制。

2. 薪酬体系不规范，缺乏有效的激励机制

部分高校在人员薪酬管理上仍有着较为复杂的权限，导致自主管理力不足，这是计划经济下管理模式的遗留问题。由于薪酬管理缺失灵活性和自主性，所以高校难以根据自身的发展特点和需求来确立匹配的薪资待遇以及薪资增长的实施办法，薪资待遇难以紧跟市场发展。在大数据时代快速发展的情况下，从外部来看，部分高校在人才竞争上就缺失了竞争力。而从内部来看，不同岗位、不同职务的工作人员薪酬区别不大，就容易造成人员

工作丧失积极性，拉低高校整体效率。部分高校在内部管理上仍存有传统管理的弊端，在人员激励制度上还在论资排辈，实行平均主义，这就不能让人员激励制度的推行实现突破性进展。高校的优秀人才与紧缺人才的待遇低于市场平均水平，特别是对经济基础薄弱的青年教师来说，更需要坚实的经济收入来解决物质生活问题，这就会导致人员流失，难以吸引人才的加入。

3. 考核体系不健全

当前，很多高校都希望人员考核实现量化，这样就可以更为直接方便。这样做有一定的优点，通过教师发布论文的数量、上课的课时、学术著作等来衡量教师的业务能力，这样也可以避免人为因素对考核产生干扰。不过，在实际工作当中，并不是仅仅通过量化就能够对教师的工作实现考核业绩的目的。这种量化的，甚至是细化的考核指标往往让教师疲于奔命，甚至某些教师直接将大量精力放在了冲刺考核指标上，反倒疏于教学。大量的教师考核也催生了大量的期刊杂志等商业行为。繁琐的量化考核有一定的优越性，但是却让一些教师向另一个方向奔忙，将有限的时间和精力放在了考核上。高校的教师不是业绩考核的机器，他们还需要继续学习，留下足够的时间和精力完成科学研究工作。从实际工作来看，量化考核更适用于相对简单的工作，对复杂的高校教育和学术研究还是有一定的局限性，难以起到真正激励高校教师的目的。

4. 教师培训不完善

为了提升师资力量，高校愈来愈重视对教师的培养。特别是在大数据时代，高校对教师的培养取得了一定的进展，但是也出现了一些问题。由于教师培训并不完善，导致部分高校在教师培训工作当中出现权责不统一、目标不清晰和沟通不畅的问题。部分高校对教师的培训出现"虎头蛇尾"的情况，入职期间培训得到重视，工作后就没有再组织相关的培训工作。这种做法显然是将人事管理简单地套用在高校人力管理后存在的问题。实际上，定期组织教师进行专业交流、参加学术研讨会是一种人力投资，人力投资不仅能够提升教师个体的能力，更能为高校带来更多的回报。

第三节 大数据视角下高校教师队伍的建设方法

一、健全教师岗位需求

(一) 教师需求

当前我国高校师资管理遵循的原则之一就是"按需设岗"。高校在设立岗位之前，人事管理相关部门将会对本校教师队伍以及本校经济实际情况进行考察，并进行预测分析。需要考虑到这几个问题：第一，当前本校教师队伍的结构层次，年龄、职称、学历、专业等都要包含在内。同时，对高校当前的教学任务和教学要求进行了解。第二，对近年来高校招生状况和变化要有一个清楚的认识，以做好师生比例调节。第三，高校建设要以学术和教学为主，所以学科建设应该放在首位。人事管理相关部门要对本校的学科发展以及重点学科的情况必须清楚。特别是学科建设是一项复杂而长期的工程。学科建设的核心是学术梯队建设，学术梯队必须要有学科带头人以及合格、成熟的高校师资队伍。总体来看，人事管理相关部门对高校师资队伍的需求进行分析预测时，必须要掌握当前高校师资队伍的情况、高校学生人数的变化、学科建设以及高校的建设目标等。在理清多方面需求后，人事管理相关部门最后应该了解高校设置的各个岗位。由此可见，建设高校教师队伍的前提是对高校全方面的情况都应该有所了解。

(二) 高校教师岗位设置

高校教师岗位的设置，应以岗位成本以及师资优化为前提。设置岗位必须是为事设岗，而不是因人设岗。确立岗位要求和工作准则后，再公开以岗择人。招聘人才应遵循公开招聘、公平竞争、择优聘任的原则，在整个过程必须严格审核，不可徇私舞弊，最后与合格的人员签订聘用合同。高校要具有这样的意识，教师岗位设立的目的是推进高校实现进一步发展，设立的岗位应该反映高校在学科发展和教学科研方面对师资力量的需求。对于高级职务岗位，首先要考虑学科带头人的人选。学科带头人直接关系到学科建设，是高校发展战略和定位的重要岗位。因此，高校在设置岗位时应该先留有余地，这样更有利于人才的晋升和发展，鼓励中青年教师踊跃表现，推动高校进一步发展。

具体来看，高校教师岗位通常可以分为三类：第一类岗位是以学科带头人、学术带头人为代表的高级职务岗位。这一岗位的人员是高校学科建设的领头人，负责学科建设规划的制定和落实，是学科梯队的建设者。学术带头人是学科下属某一研究方向的领头人，这一岗位根据学科发展以及研究方向进行设立，是学科建设的坚实力量。第二类岗位是学术骨干岗，这一岗位是高校的骨干力量，在学科、学术带头人的领导下担任着高校学科研究，同时其中一部分教师还是高校教学重要的组成力量。第三类岗位是教学科研岗位，这一类岗位以青年教师为主。这些教师还处于学术积累的重要阶段，在学术带头人、学科带头人以及学术骨干的领导下，在学术科研工作中发挥力量，是教学和科研工作的基础性力量。

二、创新教师聘任制

（一）优化人才引进机制

高校进行人才引进要推行明确的人才引进制度，并依照制度来对引进的教师进行各项考核。这是一个系统工程，需要建立完善的引进机制才能发挥其巨大的优势。

1. 制度创新优化

要顺利完成人才引进，首先要对制度进行创新优化。行业壁垒、高校与企业之间的隔阂都是阻碍人才引进的障碍，因此对于不同行业、不同类型的人才要推行不同的聘用形式。拓宽聘任渠道，打开聘任范围，是获得更多人才的有效途径。特别是应用型高校更需要应用型人才，应该为具有实践经验的高层次专业人才提供更多的渠道和方式，通过专职或兼职的岗位来吸引人才的加入。随着我国国力的增强，大数据时代的来临，很多海外学者纷纷回国效力，高校应该趁此时机大力吸引不同教育背景的教师加入，建立更为广阔的人才资源分享市场。

2. 建立新型用人方式

高校要推动人事管理进一步发展，实现教师人事关系社会化，转变传统高校的教师管理方式，建立高校与教师个体双向选择的新型用人方式。通过人事代理来处理教师的人事关系是一种新兴的人事管理方式。人事代理是经过政府许可的人事关系中介机构，有专业人员帮助委托单位处理员工的各种社会保险。当员工与单位解除雇佣关系后，人事代理就会为员工快速办理人事关系解除的各种事务。人事代理可以为高校减少人事管理的繁琐工作，而且在与教师确立劳动关系上会更加灵活。教师个体也不会为复杂的人事关系所扰，在高校工作期间还可以获得较为健全的社会保障，解除了教师的后顾之忧。还有劳务委派，劳务委派通常在高校后勤以及维护工作岗位较多。总之，高校在教师队伍建设上，不仅要做好吸引人才的工作，还要做好维护人才的工作，为教师提供完善的保障体系，让教师能够安心工作。

3. 严控聘用入口关

高校是培养高级人才的摇篮，也是传播知识的圣地，所以高校教师这一岗位对专业性和学术性都有着严格的要求。高校教师的聘用，参加应聘的人员必须持有教师资格证，另外随着我国高校的发展，学历上至少要达到硕士学位。具有良好教学经历的人员可以提升高校教师的学历结构。高校自身也应该不断适应大数据时代下人才的竞争，高校必须时刻做好人才竞争的准备，在坚持人力资源规划的基础上，顺应市场发展，在保证人才质量的前提下广招人才。充分利用大数据时代的优势，面向全国、面向世界广泛吸纳贤才，公开招聘高水平的教师。

4. 开拓师资渠道

充分利用大数据时代的技术优势，充分地开拓师资渠道，吸纳不同院系、学派的教师可以有效地改善学缘结构。师资来源多，岗位选拔的选择性也多，有利于建设高校教师队伍，提升高校的办学水平。高校应该逐步改变本校毕业生留任的传统，应该尽量减少或不留本校应届毕业研究生、博士生加入本校的教师队伍。从短期来看，这种做法确实会降低教师队伍扩充的效率，但是有利于学缘结构的建立。高校教师的聘任不要将眼光局限在本地域，而是应该放眼全国、放眼全世界，高校根据自身的实际情况和能力，在高校自身能力许可下，追求更大的聘任区域，打破地域限制，丰富自身的师资队伍，打造具有学术多元性的优秀教师队伍。

5. 专兼职结合

在大数据时代下，高校教师队伍完全由全职教师来构成显然是不现实的，建立专兼职结合的教师队伍更加符合高校的发展需求。当前一部分专职教师占有编制，一定程度上影响了高校内部人员流动。高校根据教学需求合理聘用兼职教师不仅能够补充高校的师资力量，还能突破传统人事固定编制的束缚。推进专兼职教师队伍的建设，可以推动高校内部人才队伍合理流动，促使高校的办学以及科研能力的提升，推进内部良性竞争的形成。以日本为例，日本某些大学师资队伍的构成甚至出现兼职教师比例高于专职教师比例的情况。我国高校在专职教师的基础上，要更加贴合社会，关注人才市场的动向与需求，合理聘用兼职教师，从而有效地利用市场上优质的人才资源。

高校实现专兼职教师的模式，有利于高校从社会汲取更多的人才力量，在内部教师队伍当中选拔、晋升优秀人才的同时，再向社会聘用人才，这需要做好内部教师培养工作，另外还要做好聘用兼职教师的工作。结合大数据信息高校的发展，高校要结合自身情况来编制教师队伍，通常来说，教师队伍应该留出四分之一至三分之一的教师岗位用作流动岗位，充分利用兼职教师的力量。兼职教师的来源不能局限在人才市场，高校还可以从科研单位、企业、政府等部门聘请专业人士。这些人士不仅有扎实的基本专业理论知识，还有丰富的实践经验，可以带来本校专职教师不同的教学效果。

（二）完善教师聘任制

我国高校在推进教师聘任制的人事制度上已经取得了一定的成果，不过仍然存在发展弊端。这些问题的产生主要是因为在大数据时代转变的过程中，各方面转变进度不一而产生的矛盾和冲突。高校教师职务的聘任建立在双方关系平等与法律契约化的基础之上。高校推进教师聘任具有双边竞争、双向择优的特点，不论是高校还是教师都应遵照契约完成自己的义务，同时获得自身的需求。这种聘任形式适合当前时代的发展，不论是高校还是教师个人，在公平的聘任关系之上，有着相对自由的选择权。

随着高校扩招规模不断扩大，我国高校学生数量逐年增加。在这种情况下，教师数量相对不足，通过专兼职教师聘任的方式可以有所缓解。不过在大数据时代下，随着高校之间的联系愈加密切，教师资源共享机制成为当前高校教育的一个热点。教师资源共享就是充分利用当前的信息传播优势，打破传统高校独立教师管理的封闭状态。实行高校教师资源共享，不仅仅是教师在多个学校任教，更可以利用大数据的信息技术优势，实行远程授课。这有利于解决教师分布不均衡、师资结构不合理的问题。不同教师的授课，也可以丰富教学成果，解决学缘结构不完善的问题。从另一个角度来看，高校师资资源共享实现的另一个途径是推进产学研合作。产学研合作将高校与企业联系在一起，企业与高校共同参与研究生的培养工作，这种合作机制也可以继续深入，有资质企业可以作为高校教学的实习合作单位。推进企业高校以及科研机构共同携手发展，分享人才资源实现人才共享。

三、创设教师激励环境

（一）高校组织相关概念

高校管理通过组织功能完成日常运行工作，是高校组织对教师队伍组织功能的基础。组织由群体构成，具有群体性和分工性，组织的活动自然也是一种群体活动，组织活动的进行需要组织成员相互协作来完成。当然要形成组织，就必须具备规范性和约束性。要提升组织内部的有序性，就必须处理好组织内部成员之间的关系，所以组织需要建立一个相对稳定的结构，以此来进行有序、规范的管理，进而对组织内部成员的行为进行规范。组织还具有目标性和定向性。一个组织没有目标就难以存在，正是因为共同的目标和定向才吸引着成员的加入，才能够形成组织。

高校作为一个大规模的组织，由众多人员构成。学生、教师、行政人员、后勤人员等，他们有着各自的分工,在高校这个大组织当中发挥着不同的作用。总的来说,组织需要有共同的目标才能形成组织。高校的目标就是培养符合时代和社会需要的高层次人才,高校内所有成员都在为这个目标而努力,并根据自身情况来完成自己的职责。这样高校内部才能形成规范的系统和分工合作的关系。组织并不是人与人之间简单的集合体,而是每一个人都发挥自己的力量,为了共同的目标而努力,同时,在组织系统中每一个成员都在进行不同的自我调整和发展。

(二)高校的组织结构

高校的组织结构由领导决策部门、职能管理部门、教学科研机构以及辅助部门共同构成。我国高校在管理层级上,大多数分为校、院、系三个层级,部分高校采用的是四级管理层次。校长作为高校领导决策层的代表,以下为各院系主任和各学科教研室主任,形成直线式、上下层级分明的管理体系。

随着大数据时代的发展,我国高校在组织管理上越来越注重各层级的独立自主权。上一级管理机构会将一部分职能交给下一层级,保证下一层级管理机构在进行组织管理工作时有更大的发挥空间。这种分权制让各学科、各院系可以根据本组织内部的实际情况进行个性化的管理。

在具有一定的自主管理权限后,各院系可以更好地对本院系的教师队伍进行管理,在遵循校内管理制度前提下,院系往往会更加主动地利用信息技术加强与兄弟院系的合作。甚至有的高校下属院系自主与企业、科研机构进行合作,不仅提升了自身学术科研能力,还为本院系教师带来了更多的发展机会和经济收益。给予不同管理层级一定的自主权,充分调动各层级的积极性,不仅能够减轻高校上级管理机构的压力,还能获得更好的组织管理成果。

(三)统筹规划有效的激励制度

高校教师不同于一般的人力资源群体,对高校教师进行有效激励需要针对高校教师这一群体的特殊性来制定。高校人事管理部门应对本校教师队伍的特点有深入的了解,才能做到有的放矢。从行为科学的理论来看,激励手段所获得的激励动力来自行为结果产生的效价与期望值的乘积。当一个人认为某件事情值得做,同时认为成功的概率很大,那么这个人对于做这件事情就有了很大的动力。

高校采用通过提高教师们的期望值的方式,来对教师进行激励,提升教师的工作积极性和热情。根据我国高校实际管理的情况,对我国高校教师采取的激励手段可以通过工作、目标以及强化三个部分进行激励。工作激励就是高校通过对教师的深入了解,结合教师的兴趣爱好，为教师提供一个可以充分发挥教师能力和精力的平台，从而对教师进行引导，提升教师对于工作的认同感和成就感，进而鼓励教师创造更大的价值与成就。每一个人都有自己内在的需求，高校教师作为高层次人才，对于自我价值、自我成就感提升的需求更为迫切。高校教师在工作时希望能够通过自己的能力来获得认同感，实现自我价值。可以说，高校教师的这种自我需求与高校的总体目标是一致的。因此，目标激励的方式就是高校要对教师进行引导，将其个人目标与高校以及整个社会的目标进行融合，实现集体目标的同时也实现了个人的目标。

所谓强化激励，就是高校运用管理手段对教师的薪酬以及工作活动进行调整，为教师提供更大的工作动力，从而实现更高的目标，产生更大的价值。随着大数据时代的到来，我国社会发生了巨大的变化。人们的价值取向也在发生改变，人们开始注重自我价值的提升以及自我人生目标的实现，仅仅通过简单的激励手段是难以充分调动高校教师的主动性的。这要求高校在教师人员管理上要更加贴近教师，在物质与精神两方面给予教师足够的支持，特别是对重点学科和关键岗位，高校更要投入更多的精力。稳定、吸引人才是大数据时代下高校发展的基础，人才成为高校在新时代核心竞争力的重要组成部分。

四、完善教师专业化发展

（一）规划教师职业生涯

以往的观念认为个人职业生涯的规划是个人的问题，与单位组织无关。在大数据视角下高校要建立优秀的教师队伍，就应该为教师们的职业生涯进行考虑。设立教师的职业生涯规划不仅是为教师服务，更是设立了一个团队发展目标，为教师们的未来发展建立了目标，为教师提供了职业发展的方向，最终可以激发教师工作的积极性，进而建立优秀的教师队伍。

加拿大相关学者曾经将教师职业按照能力水准划分为几个阶段，分别为适应期阶段、成熟阶段、职业高峰阶段以及职业骨干阶段等。这种阶段划分是以教师的整个职业发展周期来制定的，几乎是每一个高校教师都要经历的职业阶段。而我国对于高校教师职业发展出现过两种观点：第一种观点将教师生涯分为三个阶段，分别为角色适应期、主要发展期以及最佳创造期。角色适应指的是青年教师熟悉高校教学的阶段，适应工作的过程通常需要两至三年的时间，才能走向成熟。另一种观点是分为了六个阶段，分别为适应阶段、成长阶段、高速发展阶段、平稳发展阶段、缓慢退休阶段以及平静退休阶段。其实，职业生涯规划的设计有很多，归纳起来都大同小异，都要经历自我认知、制定目标、自我与环境评估、职业选择、职业生涯策略以及评估反馈。

通过这六个步骤来对自己的职业生涯有一个清晰的认识，并设立发展阶段。对高校教师的职业发展引导首先要使高校教师正确地认知自我。高校教师制订自己的职业生涯必须要知道自己的追求和生活目标。只有对自己有了正确的认知才能选择自己想要的事业，从而来确立自己努力的方向。有了目标就有了奋斗的动力，但是目标的设立应分为短期目标和长期目标，目标的设立要切合实际。接下来，就要以目标为自己的推动力，专心实现自己设定的目标，当完成一个短期目标时，就是向长远目标迈进了一步。通过自我与环境评估，高校教师分析当前所具备的客观条件，并结合自身的情况，从而对自己有一个相对客观、合理的评价和认识。通过职业规划，帮助高校教师发现自己的能力和拥有的环境资源，从而帮助自己找到最佳的路径。对高校教师来说，通过职业定位帮助教师制订属于自己的发展计划，寻找到自己当前存在的薄弱点以及自身的优势，思考自己是否真正热爱自己的职业，是否达到了人生道路与职业道路相匹配的最佳状态。

（二）创新高校师资队伍发展

1. 用互联网思维更新教育观念

"互联网+"加速了教育的进步。人人都是教育的生产者，又都是教育的消费者，这种新型的教育生态必然会更加适应社会的发展。在"互联网+"时代，教师不再只是站在讲台前面的那个人，而是用互联网思维来更新教育观念以适应互联网时代的要求，以与时俱进的态度迎接互联网时代的教育变革，以开放的态度重新确立教师的角色和职责。"互联网+"时代高校教师要和学生们一起拥抱新技术，借助互联网成为一个终身学习者：构建与学生彼此信赖的渠道，而不限于面对面；设计学习的过程，而非照本宣科地传递内容；让学生在真实和虚拟的体验中主动发问，教会学生多维度地探索问题，鼓励学生们多样化地创造和分享，互联网思维更新了教育观念。

2. 利用信息技术促进教学反思

当前国际教师教育界公认反思是促进教师专业成长的基本策略。在信息技术条件下，教师教育开始走向信息化。信息技术在教育教学中的引入，既作为手段和方式促进教师的教学反思，同时又也丰富了教师教学反思的内容。教师要借助信息技术促进教学反思能力的提高，从而促进其专业成长。相对传统纸笔式反思日记，基于"微博、微信、微课"的教学反思是开放的，在教师之间能够形成一个开放的沟通社区，促使教师将自己的反思活动与周围的群体交流结合起来。教师的教学反思更多地采用移动终端随时随地进行，教学反思将更多地融入生活中。此外，利用信息技术进行教学反思其优势在于方便管理、查询、保存和共享。

3. 推进教学过程与生产过程实时互动

高校教师专业发展必须和高等职业教育的目标结合起来,"产教融合、校企合作"是高校培养适应经济发展新常态的技术技能型人才的必由之路。满足学生发展需求是教师专业发展的方向,围绕学生需求是教师发展成功的基础。教师的专业发展不仅是教师个体的事,也要学校、社会、企业等各个层面的支持和配合。线上线下结合是普遍趋势,要通过多方合作,利用信息技术,推进课堂教学过程与企业生产过程实时互动,将企业生产过程实时传输到课堂,对生产过程进行分解剖析。企业技术人员也可以通过网络给学生上课,更重要的是,利用平台进行研讨和技术交流,进而促进教师的专业发展。

高校教师要在发展中不断发现问题,用积极的心态去学习新技术,不断加强学习和教学反思,提高自身能力,在实现自我发展的同时,不断提高教学水平。

第七章　高校师资队伍建设的创新发展

第一节　改善高校师资结构

一、改善师资结构的重要意义

（一）教师队伍结构影响学科建设和教学效果

学科建设是学校发展的基础和根本，没有一流的学科便没有一流的学校。学科建设的质量和水平又取决于教师队伍的结构和质量。当前各高校都在创建"双一流"大学，即建设世界一流学科和一流学校，而决定"双一流"建设的，不是学校的规模和硬件设施，而是师资队伍。要建设一流的学科和一流的高校，必须要有一流的师资结构和质量。当下地方本科院校不仅缺乏顶级的学科带头人，更缺乏优良的师资结构。一是过于明显的学缘、地缘结构导致教师队伍"近亲繁殖"，教学科研的视野、思路、方法高度趋同，不能在不同观点和理念的碰撞中产生创新的火花和灵感，使学科建设难以突破陈旧取得质的发展，也使课堂教学难以呈现新的视点和见解。二是教师专业与学科的不匹配影响教师主动性和创造性的发挥，部分教师在学校学科专业拓展中被调整到新的学科专业从事教学科研，既缺乏扎实的专业功底，又难以产生内生的兴趣和动力，大都抱着应付的态度来对待本职工作，无论教学还是科研，都很难期待他们在学科建设上有新的建树。三是年龄、学历结构的趋同性严重影响老师专业能力的成长。缺乏领军人物的传帮带，年轻教师只能通过自己的不断摸索来实现自我提高，不仅成长速度相对缓慢，而且容易事倍功半。更严重的是，由于年龄和学历的接近，教师之间在争取外出进修、访学、培训等难得的专业发展机会时必然产生激烈的竞争，相当一部分教师长期被束缚在三尺讲台，无法通过学习培训更新知识储备，提升教学和科研水平。人生最有激情最容易出成果的 25 岁至 45 岁的黄金时段，大都在忙碌的常规教学中流逝了。这对教师的自我发展是损失，对学校的学科建设也是重大损失。

（二）教师队伍结构影响育人质量

自从国家提出进入经济新常态、推进经济供给侧结构性改革的方略之后，高校作为经济供给侧的重要主体，也面临着提高供给质量、优化供给结构的巨大压力。长期以来高校人才培养和社会供给都带有强烈的计划经济色彩，不注重社会对人才和科研成果的实际需求，导致高校提供的社会供给与社会实际需求严重脱节。一方面产业升级、文化发展所需要的人才和技术高校无法提供有效供给，另一方面高校学生又一直面临就业难、就业质量不高的困境，供需错位和供给过剩的现象揭示出高校人才培养方面存在明显的短板和"软肋"，这就需要高校加快学科结构调整和专业能力建设的步伐。地方本科院校早已开启了转型发展的序幕。在很大程度上，转型发展和提供有效供给方向一致，内涵相近，都需要在完善人才培养体系、调整学科和专业结构上有新的作为。反观当下地方本科院校的现状，在培养专业人才、优化专业结构上常常陷入"心有余而力不足"的尴尬局面。师资结构的缺陷制约着人才培养和专业调整的进程。从人才培养质量的角度来看，教师学历结构的单一性决定了学生能力的单面性。地方本科院校的教师普遍缺少经济社会发展一线的经历，他们培养不出社会需要的具有较强实践动手能力的学生；教师专业知识的单一性决定了学生知识构成的单面性对专业之外或跨专业的知识所知甚少，甚至在人文素养方面缺少必要的修炼，这就限定了他们综合素质的形成，最终削弱了他们的社会适应能力和自我发展能力。要提高人才培养质量，归根结底要落到优化师资结构上。从学科建设和专业设置的角度看，地方本科院校要想顺应经济发展新常态，满足社会和市场对人才和科技的需求，必须增强学科和专业设置与产业升级和文化建设的契合度，不断淘汰过剩的专业和学科，增设和做优社会需要的学科专业。这种结构调整最终依赖教师队伍结构的优化。地方本科院校要根据学科的专业布局，打破原有的师资结构，按照专业发展需要配置教师资源，将适合社会需求专业的教师配足配强，转岗和消化好过剩专业的教师，以良好的师资结构保障学科与专业结构的优化调整。

（三）教师队伍结构影响教师职业成就感

良好的结构能够让每一个个体在结构内找到合适的位置，发挥应有的作用，获得相应的收益和幸福；而失衡的结构会导致人力资源的浪费和工作效率的低下。在地方本科院校现行的师资结构中，普遍存在因结构失衡导致的教师苦乐不均、丰歉不均的现象，对部分教师的工作积极性和幸福感造成了负面影响。有的专业教师人满为患每学期的课时量严重不足，按照"兼顾效率"的分配原则，一部分老师不仅领不到奖励性绩效工资，而且因达不到平均课时量，其基础性绩效工资也要大打折扣，与课时量充裕的教师形成明显的收入差距。对他们来说，不是他们自己不想上课，也不是上不好课，而是学校没有安排足够的课给他们上，他们始终找不到所谓的"获得感"，职业幸福感更加无从谈起。另一部分专业教师奇缺，很多教师一个人上三至四门专业课，虽然到年终结算时奖励性绩效拿得比较多，但是内心却并无幸福感可言。在他们看来，每天在备课、上课和批改作业中疲于奔命，充满职业倦怠感，一个老师从事多个专业课程的教学，新备一个专业的课要花去大量的时间和精力，其劳动强度远远大于增加几个课时。同时把大量的时间和精力花在教学上，使他们顾不上做课题搞科研，影响职务晋升和能力提升。所以在师资结构失衡的条件下很少有老师能够找到自己满意的职业定位和发展空间，这种自我认知又反过来影响教师主动性和创造性的发挥，最终影响学科和专业建设以及学校的持续发展。改善师资队伍结构不仅是加强教师队伍建设之重点，也是推进学校转型发展之难点。

二、改善师资结构的主要目标

（一）优化年龄结构

年龄结构是教师队伍结构的基石，其他结构都与年龄结构有着密切的关系，教师队伍的年龄结构科学合理，就能够为其他结构的优化奠定好基础。从国外高校的教师队伍看，理想的教师年龄结构应该是30岁以下的比例小于20%，30~50岁的比例在60%左右，50岁以上的比例在20%左右。考虑到地方本科院校在专升本时引进了大批年轻教师这一事实，优化教师队伍年龄结构应当将重点放在引进中年骨干教师上。每年在制订教师招聘计划时，科学分析本校的师资年龄特点，适当控制30岁以下教师的数量，通过优惠政策招揽一批40至45岁的中年优秀人才，以更优厚的待遇引进少数50岁以上的高层次学科领军人物。这样的老中青相结合的年龄结构有利于构建领军人物挂帅、中年学者担纲、青年教师参与的教学科研团队，不仅可以充分发挥"传帮带"的师徒效应，让青年教师尽快成长，而且能够将年长学者的智慧、中年学者的成熟和青年教师的活跃有机结合，达到取长补短、相得益彰之效果。更为重要的是，这样做能够保证本校的优势学科和重点专业薪火相传、后继有人。对现有青年教师比例过大的问题也要通过综合措施认真加以解决，如鼓励他们继续进行学历深造，或选送去国内外名校访学，或推荐到当地党委政府部门交流任职和担任科技特派员，还可以根据青年教师个人的专长和特点，鼓励一部分青年教师以教学为主，一部分以科研为主。这些举措不仅可以有效化解青年教师群体过大的矛盾，同时也能为学校未来发展涵养后劲。

（二）优化学历结构

学历在一定程度上代表着教师的专业素养，是评价一所高校教师队伍总体质量的重要指标。地方本科院校教师的学历结构存在明显失衡，主要是学士、硕士和博士的比例严重失调。据调查，大多数地方本科院校的教师队伍，具有博士学历的教师占比为10%左右，本科学历占比在10%以下，而硕士学位教师占比达80%以上。师资队伍的学历结构不是合理的椭圆形，而是中间部分过于膨胀，几乎形成圆形。这种学历结构对学校和教师个人的发展十分不利。对地方本科院校来说，应对这种挑战的关键在于解构现有的教师队伍学历构成，真正将圆形结构打造成椭圆形结构，大力引进一批具有博士学位的教师，使博士教师达到专任教师总数的30%左右，硕士学位教师占65%左右。以学历结构的优化来为教师职称晋级和稳定人才、调动教师教学科研的积极性提供有效保障。

（三）优化经验结构

教师的能力水平往往与其经历密切相关，优化教师的经验结构就是优化教师的能力结构。地方本科院校必须在较短的时期内解决教师学术经历缺乏、实践经历不足的问题，以适应学校转型发展和培养应用型人才的需要。从教师队伍引进和培训两个环节着力，有计划地将一批具有丰富一线社会工作经验的专业人才充实到教师队伍中来，引导和鼓励一些年轻教师到企业和行业进修学习、挂职锻炼，丰富他们的实际阅历和动手能力。同时秉承不求所有但求所用的原则，根据人才培养和专业发展需要，聘请企业、行业和政府机关资深的专家和管理者作为学校的兼职教师。根据学校发展的实际需要，逐年提升"双师型"教师的占比，确保教师的经验结构与地方本科院校人才培养的要求相适应。

（四）优化专业结构

建立一支专业能力结构与经济社会发展需求高度契合的师资队伍，是地方本科院校教师队伍建设最艰难的任务。一方面，社会产业升级和技术创造对专业人才的需求变化是比较快的，另一方面学校教师专业能力的培养和调整是比较慢的，快与慢的错位很容易使学校教师的专业结构落后于产业发展的需求，进而使地方本科院校学科专业能力的培养和调整相对缓慢，使地方本科院校的学科专业设置滞后于社会需求的变化。教师队伍的专业结构在很大程度上决定了学校学科专业的结构，而学校学科专业结构又决定了学校能否为社会提供优质适切的供给。通过专业强化办学特色定位和根据学校特色定位进行专业增设，是发展学校的最根本的做法。在一定程度上可以说，教师专业结构决定了地方本科院校的

· 135 ·

前途和命运。首先学校应当根据经济社会发展变化的趋势确定学校重点建设的学科和专业，科学制订学科专业建设规划，其中既包括兴建新的紧贴社会需求的专业，也包括做优学校部分有发展前景的老学科和专业，淘汰一些过时的没有市场前景的劣势专业。学科和专业建设应当突出地方性和特色。其次着眼于学科专业建设制订专业教师队伍发展规划，集中学校主要资源引进和培养专业建设急需的专业教师，以优质的专业教师保证一流的学科专业建设，同时分流消化过剩专业的教师。最后就是建立常态的教师专业结构调适机制，鼓励教师知识结构多元化，专业能力多元化，使教师队伍专业结构保持动态的合理性。

三、改善师资结构的主要思路

（一）坚持以学科专业建设为核心

师资结构调整必须以学科专业为依托，紧紧围绕专业建设来展开。脱离学科和专业建设来调整师资队伍结构，就会失去着力点，必然成为无源之水，无本之木。学科和专业建设是调整师资结构的主要依据，也是检验师资结构调整是否到位，效果是否明显的标准。师资结构调整必须始终适应和满足学科专业结构调整的需要。基于此，地方本科院校在调整师资结构的过程中，应当建立健全三个重要机制。

一是敏捷的社会需求反应机制。突破传统的专业和课程设置闭环，建立面向社会需求的反应敏捷的调适机制，对高校课程设置和专业调整至关重要。高校应当组建专业团队对国家重大产业特别是新兴产业的形成与发展进行系统分析，加强对区域经济发展方向的研究，积极参与地方经济和文化建设，把握国家产业布局和发展趋势以及区域经济特点，并以此作为学校专业和课程调整的现实依据。在目前的高校专业设置中，应从对社会经济发展情况的考察，信息的搜集、汇总、研究，大的行业背景基本状况的分解，到确定专业设置意向后对具体用人单位调研的行业背景的专业化透视，再到根据对从业人员能力的分解、专业课程设置的完成，专业设置的每一步都应该与行业背景发生密不可分的联系，只有深度融入国家和地方的经济文化建设，地方本科院校才能科学合理地确定学科和专业布局，进而引领学校教师队伍结构的调整。

二是有效的专业创新机制。地方本科院校要实现为地方经济社会服务的职能，在专业建设上应当具备较强的社会适应和创新能力。对新兴产业和新的人才需求导向不仅要有敏捷的认知和把握能力，还要有快速的行动力，或率先组建新兴的专业，或以原有优势专业为基础加以改造和创新。谁能在时间上领先，谁就抢占了专业建设的先机或制高点。这种行动上的敏捷既需要有一支高素质的适应能力超强的教师队伍做保障，同时也能够进一步促进教师队伍结构的优化。

三是强力的专业引领机制。地方本科院校在专业建设上不能满足于被动适应经济社会发展的需要，而应当通过技术集成和科技创新用先进的专业建设引领产业革命和文化发展。"大学与社会的关系应该是引领与被引领的关系，即大学应该定位于社会前列"。被动适应不能体现高校的存在价值，只有主动引领才能真正发挥高校人才密集和科技聚集的资源优势。如果地方本科院校只是被动迎合社会需求来调整专业结构，专业建设永远都无法真正与社会需求同步从而实现高度契合，而且师资队伍结构也会在被动适应的过程中出现疲惫和麻木。只有变被动为主动，地方本科院校才能聚精会神来抓优势学科和特色专业的建设，才能使师资结构保持相对稳定，使广大教师的聪明才智得到充分发挥。

（二）坚持以教育发展规律为遵循

优化教师队伍结构必须严格遵循高等教育发展规律，既不能照搬照抄其他行业和部门的做法，也不能搞长官意志和轻率决策。首先我们需要做到，坚持眼前与长远相结合。调整和优化教师队伍结构，一方面要着眼当下，按照问题导向思维，解决好教师队伍结构失衡、效率低下的问题，特别要破解好学校教师资源不足和浪费严重、"产能过剩"和有效供给不足同时存在的矛盾，以优良的师资结构来提升育人质量和办学效益。另一方面又要放眼长远，把握经济社会发展趋势和变化规律，把握高等教育的发展方向和内在规律，让思想观念紧跟时代发展的步伐，用前瞻性思维来谋划专业布局和师资结构，防止结构调整大起大落，劳民伤财。其次，坚持坚守与应变相结合。师资结构调整应当坚守高等教育的话语体系，用符合高等教育规律和高知识群体特点的思维和方法来推进，不宜完全套用市场经济的方法和物质刺激的手段来推进师资结构调整；应当坚守本校的办学特色，以学科特点和专业特色为基础，打造独具特色的师资队伍结构，不宜东施效颦，丧失本色，导致师资结构大众化和同质化。与此同时，又要用开放和开明的心态谋划师资结构，善于和勇于吸纳新的资源，吸收新的理念，吸取新的经验，因势而变，顺势而为，使师资队伍结构与时俱进，充满了活力。最后，坚持实际与创新相结合。实事求是、从实际出发是坚持马克思主义的思想路线，也是优化地方本科院校师资结构的基本方法。一方面打造优良的师资队伍结构，要立足于学校的实际，包括办学条件和教师队伍实际情况，循序渐进、协调推进，切忌贪大求全、好高骛远、急躁冒进；另一方面又要大胆创新，在路径上、方式上、方法上独辟蹊径，根据不同的情况、不同的对象和不同的问题采取不同的方法和措施，因时施策、因事施策，切忌食古不化，简单粗放。

（三）坚持以动态化管理为手段

师资队伍结构的优化调整，实质上就是打破原有的固化结构，突破原有体制机制的藩篱，清除一评定终身的陈规，构建充满活力的动态师资结构，让各种要素自由流动，各类资源活力迸发。

一是职称能上能下。长期以来，高校教师的职称都是"单行道"，只能上不能下，职称是每一个教师极大的追求，也是极好的保障。个别教师开展教学只为攒够课时量，申报课题撰写论文只为迈进职称晋升的门槛。一旦目标达到，便不思进取。只有开通职称既能上也能下的路径，并根据考核教学业绩和科研成果，对无所作为的教师实行高校低聘，才能激活他们的内在动力和内在潜力，也才有可能在师资结构调整中具有更大的适应性。

二是职务能升能降。由于官本位思想的影响和地方本科院校行政权力高于学术权力的现实，很多教师通过各种途径从教学岗位转到行政管理岗位，并行使相应的管理职能，甚至一些功成名就的教授也放弃学术研究跻身于行政管理行列。实际上，即使在高校这种行政色彩相对淡一些的单位，也一直保存着职务能升不能降的传统，导致行政职务也成了安稳的"避风港"，成为很多教师向往的栖身之所，在这里既能掌握一定的资源，又能避免学术科研的竞争压力。一些学术能力较强而管理能力不足的教师也想方设法往行政岗位转，结果使原本不多的老师资源被浪费，行政管理效能又受到影响。加强对行政管理人员的目标管理考核，对不能胜任本职工作的管理者实行降职处理，让行政管理岗位也经受风评和考核的检验，使行政职务不再成为人人向往的"避风港"。如此便能较大程度地提高管理效率，减少行政人员，让一些优秀教师重新回到教学一线，提高地方本科院校教书育人的整体水平。

三是岗位能少能多。总体上教师资源的相对稀缺是优化师资结构的最大制约，这种稀缺既表现为地方本科院校在人才引进时选择度不高，一些急需人才资源稀缺，难以引进；也表现为受人事编制限制，校内的专业教师数量不足，师生比偏大，加之学校面面俱到的管理系统占用了较多的事业编制，在一定程度上加重了专业老师总量不足的程度。在这样一个大背景下，要根据学科专业建设的需要来优化师资结构，无疑是一项难度极大的工作。要实现师资结构优化的目标，最有效的方法就是提高能力复合型老师的比重，让大多数教师具备一专多能的素质，既能在某个岗位做出骄人的业绩，又能胜任有一定关联性的其他岗位的工作。只有这样才能在地方本科院校去掉落后"产能"、培育新兴专业的过程中得到及时有效的师资保障。学校一方面应当引导和鼓励教师关注产业发展和科技前沿动态，突破学科和专业壁垒，加强相关领域的课题研究和技术攻关。另一方面要加强教师的培养和培训，根据学校发展规划和专业建设重点，提前安排教师进行新知识、新技术和新能力的培训。对专业调整之后的富余师资，也要通过进修培训，找到并胜任新的工作岗位。

（四）坚持以服务促优化为原则

优化师资队伍结构，既要有科学求实的精神，更要有服务至上的理念。过分强调行政推动力和制度约束力，而忽略高校自身的特点，放弃服务师生的基本宗旨，是无法实现优化教师队伍结构目标的。高校作为大型或巨型知识型组织，其文化特质、成员素质、民主诉求度与自我领导能力等特点决定了组织的发展必然更多地依靠师生焕发的积极性和创造性，管理过程的顺畅高效更多地依赖于师生的主动精神和自我约束、激励状态。以提供优质服务为手段，激发教师的主动性和创造性，是优化师资队伍结构的最佳路径。

一是寓服务于以人为本之中。确立以人为本的思想，是开展优质服务的逻辑起点，一个以物为本或视人为物的管理者是不可能产生服务意识的。在优化师资结构过程中，必须突破把人与财、物并列起来作为管理对象的传统思维，突出人的主体性和主体地位，把尊重人、关心人、依靠人、理解人、凝聚人、发展人、谋求人的全面自由发展作为组织管理的主要追求和目标，充分调动人的积极性，发挥人的主观能动性，增强群体的信任感和凝聚力。优化师资结构，让教师在各个岗位上都能有所建树，必须激发和保护好教师内在的主动性和创造性，否则师资结构调整只能成为一种摆设。把教师作为学校学科专业建设和优化师资结构的主体，竭诚为他们服务，是激发和保护他们主动性与创造性的唯一途径。

二是寓服务于思想政治工作之中。优化师资结构必然会影响一部分教师的切身利益，导致一部分教师对个人事业的发展定位做出新的调整。我们既不能要求每一位教师都有很高的思想境界和大局意识，也不能一味运用行政权力和制度规定强迫他们绝对服从，而是要通过耐心细致的思想政治工作和周到细微的服务赢得他们的信任，用学校未来发展的愿景培育共同的价值取向用独特的校园文化情结达成群体意识，使每一位教师都对学校的学科专业建设和师资结构调整发自内心地认可和支持，形成强大的工作合力。

三寓服务于民主决策之中。无论是优化学历结构还是职称结构，抑或是打破学缘、地缘结构，每一项政策措施的出台，都要尊重和保护教师的知情权、参与权和决策权，坚持人格平等、相互尊重并通过平等对话、沟通交流，达到集思广益、科学决策的目的。教师参与决策，并不只是起着提建议、谋良策的作用，更重要的是统一认识、达成共识、推动落实。如果仅仅把教师当成执行学校政策规定的工具，再好的决策都难以落到实处，实现预期效果。四是寓服务于竭诚为教师排忧解难之中。受办学条件和经济实力的制约地方本科院校相当一部分教师的工作和生活都存在一些不尽如人意之处，师资结构调整还会给一部分教师增加新的困难和困惑。如果我们两眼只盯住前方的目标，而不顾后面留给教师的困难和问题，这样的进步是走不了多远的。只有"瞻前顾后"、协同推进，才能获得成功。所以对师资结构调整过程中出现的矛盾和问题，特别是教师遇到的困难，应当高度重视，及时主动为他们排忧解难。对那些专业转换有困难的老师，对那些因能力或业绩不能胜任本职工作而受到降级降职的老师或管理人员，要因人而异，采取不同的方法措施，帮助他们卸掉包袱，提供新的创业机会和事业平台，以和谐安定的干事环境保障师资结构调整工作的顺利进行。

第二节 构建新型师生关系

一、构建新型师生关系的现实意义

（一）与人才培养密切相关

在把创新作为社会发展主要动力的新时期，需要的是具有创新意识、创新精神和创新能力的人才，这也是时代赋予高校的神圣使命。在传统的统治与被统治的师生关系中，学生唯老师之命是从，没有独立的人格和意识，没有主动地探究和思考，不能质疑前人和老师的观念，不敢突破原有思想的禁锢，学生的创新意识都无法生成，更不要说创新能力的培育了。地方本科院校承载着为社会培养创新型、应用型人才的重任，只有将社会主义核心价值观引入新型师生关系建设中，确立民主、平等的师生关系，才有可能实现创新型人才的培养目标。没有良好的师生关系，教育的最终目的和眼前目标都将落空，在民主的师生关系中，学生的主体独立性能够得到保护和尊重，其个性和特长能够得到合理的张扬，教师不再成为他们兴趣爱好的压制者，而是启发者和引导者。教师不再强行把自己的观点灌输给他们，而是与他们一起讨论探究，让他们自主消化吸收。学生学到的是自己喜爱和理解的知识，发展的是自己的特长与个性，获得的是创新的喜悦和能力。在平等、民主的新型师生关系中培养出来的学生必然充满朝气，充满对生命个体的肯定、张扬和热爱，具有昂扬向上的精神和热情洋溢的气质，以及勇于创新的豪情和锐气。

（二）与教师成长密切相关

虽然历来就有"教学相长"的说法，但在传统的师生关系中，权力和道义上的显著落差决定了教学过程是一个单向输出的过程，学生只是一个被动地仰视的受教者。这种师生关系定位不仅助长和固化了老师的封闭与固执，也抑制了学生独立思考意念和见解的生成，阻断了学生与老师正常交流的通道。老师无法获得任何从学生身上得到建议和启迪的可能，因而老师也就无法借助学生的力量来提升自己，"教学相长"只不过是一个没有实际内容的空洞概念而已。构建新型的师生关系，其主旨在于变单向灌输为双向交流，变强制传授为平等探讨，教师和学生在知识和能力的生成中成为互相授受的主体。教师不再仅仅是授业者，在与学生的对话中，教师本身也得到教益，学生在被教的同时反过来也在教育教师，他们之间相互共同成长。许多事例证明，学生特别是大学生的知识拥有量和思维成熟度并非教师想象的那般简单幼稚，学生思想之活跃、思维之敏锐常常胜过许多老师，在相互的交流讨论中学生往往能开阔老师的视野，丰富老师的思维，提升老师的教学水平。如前几章所述，教师的自我提升和自我成长是教师履行立德树人职责的基本保障，而在众多教师自我提升和成长的路径中以生为师是最便捷最有效的路径。学生是教师最主要的服务对象，是教师劳动成果最直接最主要的"消费者"，从他们那里得到的批评和建议应当最准确，最有价值。革除传统师生关系的流弊，真正构建"教学相长"的师生关系，是加强教师队伍建设的重要手段。

（三）与学校发展密切相关

师生关系是高校一切关系的基础，良好的师生关系是维护学校正常秩序、构建和谐校园、凝聚发展合力的基本前提。分析地方本科院校存在的诸多矛盾和问题，都可以从师生关系中找到原因。苏霍姆林斯基说："我坚信，常常以教育上的巨大不幸和失败而告终的学校内许许多多的冲突，其根源都在于教师不善于与学生交流。"老师与学生缺乏基本的沟通交流，导致师生关系疏远、紧张，很多通过协商能够解决的问题很容易酿成师生之间的冲突，甚至引发群体性事件，严重影响学校大局稳定和办学声誉；很多重要的教学资源，会因为师生关系的疏离而难以有效发掘利用，影响学校教育质量和教学效益的提高。尤其是师生关系的紧张疏离会影响学校共同价值观和校园文化的形成，强化封闭、保守和无所作为的落后意识，破坏教书育人的秩序和氛围，使学校深陷矛盾冲突之泥潭而无法自拔。

构建良好的师生关系，能够从根本上形成地方本科院校自我发展、自我完善和自我调节的功能。学校整体的发展以每一个个体的发展为前提，良好的师生关系是实现每个个体正常发展的重要保障，扭曲的师生关系必然扭曲个体的人格成长。学校要实现运转有序、管理高效，需要每个成员都有成熟的自律和参与意识，良好的师生关系能增强学校每一个教职员工的归属感和合作意识，扭曲的师生关系必然使一部分成员形成乖张和叛逆的意识，影响学校工作方针和管理措施的落实。学校要打造和谐文明校园，需要人与人之间，组织与组织之间有自我调节、自我纠错的功能，防止小事情激化成大矛盾，而良好的师生关系是增强协调纠错功能的基础，良好的师生关系不仅能减少矛盾的发生，更能将矛盾化解在萌芽状态，把问题解决在基层层面。构建新型师生关系，是解决地方本科院校各类问题的

"纲",抓住了这个纲,就抓住了主要矛盾就能够把握高校工作的主动权。

二、改善地方本科院校师生关系的重点

改善师生关系,从一般意义上讲,需要双方同时发力,在共同目标的指引下,不断加深理解,增进交流,消除隔阂,消解误会,化解矛盾,任何一方持消极或不合作态度都不可能使关系得到真正改善。在实际行动中,关系双方的责任和作用并不是完全对等的,责任有轻有重,作用有大有小。在师生关系中,受年龄、知识、权威和社会地位等因素的影响,改善师生关系的相对主动权掌握在教师手中,主要责任和突破口也在教师身上。因此,改善师生关系应当重点在教师身上着力,充分激发教师改善师生关系的积极性和责任感,以此感染和带动学生,形成师生双方改善关系的共同合力。

(一)尊重学生的主体地位

每个人都有被认可和被尊重的心理需求,在交往中这种需求如果被满足,就会对对方产生良好的印象,因而为进一步加深交往、增进交流奠定基础。现在很多大学生都是独生子女,有的还是在单亲家庭中长大的,希望被尊重和被认可的心理需求更加强烈。分析现阶段师生关系疏离的根源,重要一条就是老师没有摆正学生的位置,没有发自内心地把学生当作教育的主体,因而对学生的地位、个性和爱好缺乏应有的尊重和包容,最终导致学生对教师"敬而远之"。每一个老师都应当时刻意识到学生是独立的生命个体,学生是学校的主体,学生是教师价值的载体。

第一,学生是独立的生命个体。我国地方本科院校的学生年龄一般都到了20岁左右,生理发育基本成熟,身体形态逐渐稳定,自我意识逐步加强,个性特征初现端倪。特别是信息技术的发达使他们对许多事物都有自己的见解,价值取向、情感态度和思维方式基本成型。同时他们对周围的人和事又保持相当的敏感,情绪情感波动很大,对外界施予的影响保持高度的警惕和戒备。教师在与学生交往的过程中,务必了解和掌握学生的这些特点,把他们当作成长过程中的生命个体来看待,理解和包容他们在某些方面的不成熟,尊重学生的个性独立,切忌将老师个人的思想观念和价值判断强加于学生,切忌用僵化统一的标准去评价学生,切忌武断地否定学生的独立见解和鲜明个性。老师应当以尊重体现诚意,以诚意取得信任,以信任实现教化。

第二,学生是学校的主体。这是现代大学教育的常识性概念。但受传统教育理念的影响,很多地方本科院校的教师并没有完全认同这一论断,因而在教学工作中时常颠倒学生的主体地位,不自觉地把自己凌驾于学生之上。其实,学校的价值在于培养学生,学生是学校一切工作的出发点和落脚点,一切为了学生,为了学生的一切,为了一切的学生,这

几句有点拗口的口号确实揭示了现代大学的基本价值取向，明确了学生在学校不可撼动的主体地位。学生是学校存在的意义所在，只有学生的成长，才有学校的进步；只有学生的成功，才有学校的荣耀。即使从营销的角度来解释，学生是学校主体的观点也是成立的：学生是学校教育的消费者，他们用学费购买学校的服务，是地方本科院校最主要的"顾客"群体，营销的铁律就是"顾客是上帝"，"上帝"就是主宰，就是主体。学生是学校主体的观念应当根植于教师的思想深处，成为教师最重要的职业意识和行动自觉。

第三，学生是教师价值的载体。教师的天职就是育人，教师的职业价值就是培养人。因此，学生是展现教师价值的重要载体。衡量一位教师对社会的贡献，不在于发表了多少篇论文，也不在于获得了多少表彰奖励，而在于他培养了多少优秀的人才。学生是教师个人理想抱负的传承者，是教师个人才华能力的体现者，也是教师职业幸福的生成者。没有学生就无所谓老师，没有学生的存在，就没有教师的一切含义。教师的成长既依附于学生的成长，也借力于学生成长，在教学相长中实现师生的共同进步。师与生相辅相成，既相互独立又相互依存，既相互对立又相互统一。教师应当把学生当作合作的伙伴、服务的对象。

（二）确立师生的平等关系

学生和老师是最重要的两大群体。从师生关系是否融洽和谐，可以看出学校管理水平的高低和教育质量的优劣；从师生关系是否平等，可以判断学校教育理念的先进与落后。如果教师依然处于居高临下的地位，不仅可以随心所欲地体罚学生、歧视学生，还可以任意侮辱学生的人格，打压学生的个性，这样的学校是与现代大学教育理念格格不入的，也是注定会被时代淘汰的。地方本科院校要为中华民族伟大复兴培养更多创新型人才，就必须以平等化为取向，建立平等的亦师亦友的新型师生关系。

第一，确立师生人格平等的观念。教师和学生，分别承担着教与学的责任。两者虽然所从事的职能不同，虽然承续着予与取的关系，但师生之间并没有高低贵贱之分。从大处讲，学生与教师都在完成传承文明、弘扬文化的历史使命；从小处看，学生读书、教师教书，都是为了在社会上获取生存的空间，实现生命的价值。今天的老师是昨天的学生，今天的学生也有一些会成为明天的老师。老师没有必要自以为比学生优越，学生也没有必要在老师面前感觉低人一等。无论从职能还是从法理的角度看，学生与老师在人格上是完全平等的。对教师来说，主动放下"师道尊严"的架子，蹲下身子教学，多与学生交朋友，多作换位思考，多从学生的角度去理解、关心学生，多用自己的人格魅力去影响、感化学生，反而能获得学生的敬重。同时，老师的架子放下了，身子蹲下了，就能听得到、听得进很多学生的意见和建议，最大限度消除师生之间的隔膜，真正建立一种和谐互助的师生关系，老师就能在更高的层次上体会到教书育人的职业幸福感。作为教师，如果寄希望于装腔作势、体罚和侮辱学生来树立个人威望，那是修养和自信心不足的表现。对学生来说，尊重教师的劳动，感恩老师的付出，虚心向老师请教，认真完成老师布置的任务，虽然是最基本的态度。但也要意识到自己是一个独立的人，是一个与老师在人格上平等的人。相信老师而不迷信教师，尊敬老师而不盲从老师，敢于在老师面前表达自己不同的意见和观点，坚守"我爱我师，但更爱真理"的信念。只有在人格平等前提下才能构建良好的教学相长、情谊久远的师生关系。

第二，确立师生权利平等的观念。在学校，老师有教书育人、爱护学生的责任和义务，学生有认真学习、尊重老师的责任和义务。老师与学生，虽然责任和义务不同，但权利上是平等的。这种权利平等，在教学实践中可以体现在多个方面。一是老师与学生都有评价与被评价的权利。传统教学中只有老师可以评价学生，学生不能评价老师，这种不平等不利于师生交流，也不利于教学水平的提升。允许学生就老师的教学能力、教学方式、教学态度、仪表气度、师德师风予以评价，对老师是一种监督，也是一种促进。学校和老师都应当持支持和鼓励态度，并把学生评价老师作为学校的规章制度固定下来。二是学生与老师都有表达与表现的权利。在课堂上，在日常的交流讨论中，老师可以发表自己的看法，提出自己的观点，学生也有权表达个人的观点和意见。老师既不能剥夺学生自我表达的权利，也不能占用学生发表个人意见和观点的时间。课堂教学改革最成功的地方，就是压缩了老师在课堂上讲课的时间，还学生充分表达的权利。保证学生表达个人意见的权利，不仅能充分锻炼学生的表达能力，提高学生探究思考的能力，更重要的是在学生心中培养起热爱真理、坚持民主的理念。三是学生和教师都有批评与被批评的权利。批评人不是老师的专利。学生做得不对，教师可以在问明情况后提出善意的批评。同样，老师有不对的地方，比如讲课时出现一些错误，言行举止有些不得体的地方，学生也可以及时向老师提出批评。一些深受传统理念影响的老师，常常把学生对老师的批评当作是犯上作乱，有意破坏教师的形象，这是完全错误的。真正在学生与老师之间建立起一种善意的相互批评的关系，能及时消除彼此的误会和隔阂，增进彼此的信任，融洽师生关系。四是老师与学生都有相互选择的权利。建立健全学生与老师进行双向选择的制度机制，是高等教育教学改革的方向。老师可以选择自己喜欢的学生，学生也可以选择自己喜欢的老师。这种双向选择制度落实得好，既能充分调动学生的学习积极性，也能增强老师不断进取的主动性。

第三，确立师生地位平等的观念。老师与学生，都是社会公民，两者的政治地位和法律地位都是平等的，双方的人权都不容侵犯。学生在任何时候、任何情况下都没有理由和权力侵犯老师，攻击老师。老师也没有权力辱骂、体罚学生，没有权力剥夺学生的休息权利，更没有侵占学生及其家长合法财产的权力。在学校里大力倡导师生地位平等的观念，强化师生的法治意识，运用道德的、法律的手段营造新型的师生关系是十分必要的。

（三）维护学生的正当权益

改善师生关系就是要真正建立有利于双方成长进步的交往关系。维护学生的正当权利，在师生关系中，学生处于相对弱势的地位，其正当的权益更应当得到充分的重视和维护。任何侵害学生权益、影响学生成长的言行，无论是否有意为之，都只能恶化师生关系而不可能改善师生关系。作为地方本科院校的教师，对此不可掉以轻心。

一是维护学生的学习自主权。在教学活动中，不少教师过于相信自己的经验，经常以赋分、评价等权力要求甚至强迫学生采用某种学习方法，歧视或扼杀学生的某些学习兴趣和爱好，造成学生对老师和学习的反感。教师要自觉摒弃"以教师为中心"的状况，自觉消解教师的话语霸权，充当"平等中的首席"。大学生不同于高校生，他们对如何学习已经有了自己的见解甚至形成了自己的习惯，只要他能够完成学习任务，就应当允许他们选择自己喜欢或习惯的学习方法，或独立思考或组建学习小组，或精读或泛读，或在教室里自习或去图书馆学习，不能用一种模式来要求学生，把学生管紧管死。培养学生能力是大学教育的重要目标，应当允许学生自主组建健康有益的各种兴趣小组，鼓励他们参加社会活动和实践锻炼，而不能把学生束缚在教室里和书本上。无论在教室还是在课外，教师都应当维护学生对理论知识的探究质询权，主动参与学生的讨论，回答学生的质疑，通过探讨交流引导学生崇尚真理，走出思想和科学的误区。不能给学生的思想套上枷锁，也不能怕难堪而阻止学生深入探讨和质询。把大学生当作小学生，在学习上不停地耳提面命、画地为牢，只会让学生加深对老师的反感，疏远师生关系，降低学习效果。

二是维护学生的人格发展权。不少教师习惯于用家长式的管理方式来管理学生，干扰学生的正常成长。大学时期正是学生青春飞扬、个性彰显的时期，也是他们人格的定型期和丰富期。追求个性发展是学生的共同需求，也是学生成长的需要。有些老师喜欢用统一的标准去禁锢学生张扬的个性，用四平八稳的条条框框来规范学生，视不符合教师标准和要求的学生为不成熟或叛逆，甚至打压学生的个性。有些教师总以"理学家"的心态看待学生的情感生活，常将男女学生的正常交往看作不健康的行为，对学生的丰富感情不是施以正确的引导，而是横加指责和干涉，甚至人为设置障碍；对遭遇情感打击和挫折的学生不是热情关心和细心疏导，而是幸灾乐祸、冷嘲热讽。不仅侵犯学生的隐私权，也给学生造成了巨大的心理和舆论压力，加大了师生之间的隔阂。

三是维护学生的资产独立权。大学生都拥有各自的资产，包括有形和无形资产。从法理上讲，每个成年学生都有独立处置个人资产的权利，但在高校里，学生的个人资产处置权被侵犯的现象都程度不同地存在着。一般来讲，有形资产被侵犯的现象比较受学校和社会的关注，如地方本科院校中少数老师向学生索拿卡要，侵占或变相侵占学生财产的情况就曾被曝光过，情节严重的当事人也受到了处理。而学生无形资产遭侵犯的现象却没有引起足够的重视。学生的个人信息被泄露，肖像权被侵犯，学术成果被占用等方面的问题并非罕见。虽然不少学生的维权意识还不强，对自身合法权利的认知还不全面，或者不少学生出于各种考虑，没有站出来维权，但这些侵权行为降低了他们对教师的尊重与信任，影响了师生正常的交往关系，这肯定是不争的事实。从学校层面讲，应当将维护学生正当权益作为重点纳入学校治理体系建设，通过依法治校方略的实施保护学生的正当利益，清除影响师生正常交往的障碍。从教师层面来讲，应当加强师德修养，提升思想境界，增强法制意识，自觉维护学生的正当权益，以人格魅力和实际行动赢得学生的尊敬和信任，为构建良好的师生关系奠定坚实的基础。

三、构建新型师生关系的方法和路径

师生关系是一种动态的相互关系，只有与新时期高等教育的新理念、新特点相结合，才能具有持久的生命力和社会价值。脱离了时代性的师生关系是落后保守的，会阻碍学生成长和学校发展的人际关系，也是狭隘自私的师生关系。由此可见，构建新型的师生关系，应当顺应时代发展变化，借助科技发展新理念和新成果，通过探寻新方法和新路径，赋予其与时俱进的时代特征。

（一）创新管理理念

无论承认与否，教师与学生的关系都是一种管理与被管理的关系。以课堂教学为核心的教学管理是高校最重要的管理形式，没有管理就没有正常的教学秩序，教学目标就无法实现。构建新型的师生关系不是解除正常的管理，而是创新教师的管理理念和方式。长期以来盛行于地方本科院校的管理特征是"管制"，教师以严苛的制度规范课堂秩序，控制学生言行，以打击学生的身体和心理自尊的方法惩戒违反制度和纪律的学生。这种缺乏弹性机制和人文关怀的管理方式使学生蜕变为高服从、低意志的被管理者。这种对学生的生理和心理健康都带来了严重损害的管制式管理已经不适应培养创新型人才的时代要求，必须实现教师对学生管理由管制向服务的转换，即教师要把学生看作是服务的对象而非管制的对象，以服务型管理取代管制型管理。服务型管理一个本质的特点就是以人为本，在高校就是"以生为本"。以生为本的管理理念要求教师把学生当作一个有灵性、有尊严、有情感的生命个体来对待，以尊重、信任、理解、同情和宽容的态度，为学生学业进步和人格成长提供充满爱心的指导使学生在人性化的管理中感受到管理带给他们的愉悦和进步，不断激发学生自我管理的积极性和创造性。管理者角色应由强制者转变为协作者和同盟者，帮助他人完成自我管理，最终实现高效却不留管理痕迹的超级领导的境界。如果每个教师都能达到这样的管理境界，师生关系就一定会有质的改善。

（二）拓展师生交流平台

师生关系的改善依赖于师生交流频率的增加，只有保证一定的交流数量才能保证较高的交流质量。随着课堂学生规模的不断扩大，教师在课堂上与学生展开充分交流的可能性越来越小，只能在课外寻找或创建师生交流的平台与机会。一方面，可以鼓励教师开辟专门信箱、网上邮箱、教师博客、师生微信群等，为学生课外与教师交流提供新的渠道，给学生提供随时表达自己意见、建议和进行咨询的平台。教师应当以负责任的态度及时做出答复和回应。另一方面，建立"书院式"的交流平台。有的地方本科院校根据需要在二级学院中创建各具特色的书院，书院里备有专业书籍、咖啡、茶点，教师利用课余时间到书院与学生进行轻松愉快的交流，实现学术与情感的同时增益，效果非常好，深受师生欢迎。再是由专任教师举办小规模的讲座，针对学生中出现的一些思想倾向，明确讲座的主题，利用图书馆或校园书店等书香浓郁的场所，与师生开展推心置腹的讨论和探究，解开学生的困惑，化解学生的心结，拉近师生的距离。只要教师有与学生交流的意愿，就能够找到与学生交流的方式和平台。通过创新交流方式来弥补学生与教师交流不足的短板，不失为一种制度机制的创新。

（三）改革传统教学模式

课堂是师生交流的重要场所，教学是师生交往的重要方式，教学方式和教学效果在很大程度上影响乃至决定了师生关系的亲近度和稳定度。教师的教学水平、语言风格和人格魅力主要通过课堂教学展示出来，学生对教师的认可和尊敬主要在课堂上形成和巩固，学生对老师的疏远和冷漠也主要源于老师的教学态度和教学能力。因此改革传统课堂教学模式，让课堂成为智慧碰撞的磁场、知识共享的盛宴、情感互动的乐园，对增进师生关系十分重要。信息时代不同于印刷时代，学生通过新媒体获取的知识已经远远超过课本的知识存量，课堂教学不再是简单的知识传授和照本宣科，更多的是通过师生的共同探讨获得发现和知识，并享受其带来的愉悦。如果教师仍然固执于"填鸭式"的教学模式，执掌着话语霸权不放，学生的主动性和参与性无从发挥，那么课堂教学失去的不仅仅是教学效果，还有学生信任的丧失。学生以逃课或课堂"低头一族"的方式来表达对课堂教学的不满，用疏远教师的方式表达对教师教学方式和能力的不满。地方本科院校的教师已经到了彻底告别传统教学模式的时候了，应主动放弃"满堂灌"的话语霸权，努力打造探究、分享、合作、互动的课堂教学模式，调动学生的主动性，激活学生的创造性，增加课堂的活跃性，提升教学的趣味性。和谐的课堂氛围既是良好师生关系的成因，又是良好师生关系的体现。

第三节 结构化高校师资队伍创新

一、结构化师资队伍创新的内涵

（一）结构化特征

教师教学创新团队的结构化一方面体现在成员的学缘结构、年龄结构、专业技术职务（职称）结构、知识技能结构、不同角色的结构等，另一方面，还体现在团队成员来源结构，须有部分来自行业、企业的技术技能型人才和专家、学者。相关职业院校教学创新团队建设方案要求团队成员中50%以上是"双师型"教师，高级专业技术职务（职称）占40%以上，来自行业企业且有五年以上相关工作经验的高级技术人员不少于3名。合理的团队结构促进成员的优劣势互补，扩大跨学科教学和研究的覆盖面，形成互帮互助与良性竞争共存的内部生态体系。

（二）创新思维模式

创新的本质是突破，是一种创造性实践行为。人类社会的发展是不断创新的过程，创新是社会发展不竭的动力源泉。普遍性、独创性、科学性、艰巨性、综合性是创新的五个主要特征。职业教育类型的转变意味着范式的变化，是一种制度创新，要建成专业特色鲜明的类型教育，需要职业教育在深化产教融合、校企合作的基础上，进一步深化职业教育培养模式和评价制度改革，运用创新思维探索分工协作的模块化教学模式改革、教材与教法改革，推动课堂革命。教学改革创新的落地，需要创新型教师教学团队来落实。

（三）高水平建设目标

中国特色高水平高校和专业建设计划（简称"双高计划"）是我国继普通高等教育推出"双一流"建设后，国家在高等教育领域的又一次重要制度创新，目的是建设一批引领改革、支撑发展、具有中国社会主义特色、具有世界水平的高等职业学校和骨干专业（群）。高水平、结构化教师教学创新团队建设既是"双高计划"建设的重要目标，也是服务"双高计划"建设的重要组成形式。高水平体现在具有示范、引领新时代高校高素质"双师型"

教师队伍建设，深化高校"三教"（教师、教材、教法）改革，为职业教育"增值赋能、提质培优"提供强有力的师资支撑。

二、结构化师资队伍创新建设的意义

（一）教学创新团队的支撑力

新时期专业群建设已成为高校核心竞争力提升和创新发展的新启程。当前我国经济和社会发展正处于一个大发展、大变革、大调整的时期，新兴产业和新兴行业发展迅速，产业之间的关联度也在持续加大，产业链或岗位群之间的界限日趋模糊。高校人才培养仅靠个体专业单打独斗已无法满足高质量、创新发展的新要求，团队作业方式已成为高质量人才培养的基本策略。高水平、结构化教师教学创新团队的价值在于根据专业群的性质和要求，对接区域行业企业工作岗位和工作标准，创新人才培养方案和教学模式，适应经济社会产业转型升级与产业集群式发展趋势，培养复合型技术技能人才。高水平专业群建设离不开高水平教学创新团队的支撑，高水平、结构化教师教学创新团队，是专业群高质量发展、特色发展、持续发展的提速器。

（二）"1+X"证书制度建设的助推动力

"1+X"证书制度是职业教育作为类型教育的重要体现，是推动新时期职业教育改革的重点，是新时代国家职业教育改革的重要突破口。"1+X"证书制度核心特征是"书证融通、育训结合、多元评价"。该制度要求职业技能等级证书培训内容和专业人才培养方案、课程设置的有机融合，需要教师能很好地掌握职业技能等级证书标准并能开展教学培训活动，因此，需要教师不断提升教学能力来适应教学内容、教学组织形式、教学过程、教学和实践场所的变化。育训结合将打破我国职业教育典型的学历教育和非学历教育二元结构教育体系，校内外的教育培训可以互通，进一步强化职业教育体系的培训功能，服务于学生的可持续性生涯发展。因为教师面对不同的教育对象，所以教师要提高培训能力，提高培训质量。多元评价来源于"1+X"证书制度的主体的多元化，对高校教师来说，教育教学水平将受到政府部门、高校、行业企业、培训评价组织的多方评价。"1+X"证书制度是一项系统工程，涉及人才培养模式、教学内容、评价模式等多方面的改革，是教师个体无法完成的任务，必须有一支结构合理、深刻理解"1+X"证书制度内涵和意义的教师教学创新团队来服务学生"1+X"的学习，助推"1+X"证书制度顺利实施。

(三)"双师型"教师队伍建设的加速器

高校改革发展需要高水平的"双师型"教师队伍与之相适应,目前高校教师的专业发展实际状况却并不理想。"双师型"教师和教师团队短缺,已制约高校高质量的发展。高校教师要成为"双师型"教师是一个渐进性、持续性提升的过程,覆盖职前培养、在职培训、实践锻炼的全阶段,目的是使其成为从"能上课"到"会上课"再到"上好课"的优秀教师,提高实践教学能力,成长为行业专家、技术权威的过程。近年来,高校大量招聘了具有研究生学历的应届毕业生,虽然采取培训、培养、下企业等多种途径提升教师的生产实践技能,但"双师型"教师发展一般都是处于自身摸索的状态,缺乏教学团队的支撑。随着国家进入高质量发展的新时期,产业技术革新加快,行业企业的生产技术日新月异,信息技术的发展,"互联网+教学"也必将成为课堂教学的常态。结构化教师教学创新团队能与外部社会环境进行广泛的交流与沟通,能及时了解和掌握行业企业发展的最新动态,进而能够更好地满足学生对职业技能的需求。高水平结构化教师教学创新团队不仅是为学生提供所需技能的一种手段,更是促进教师自身专业发展的一种方式,教师融入教学创新团队,做团队的建设者,团队成员相帮互促,促进自身专业发展,必将加速"双师型"教师队伍建设。

三、结构化师资队伍创新建设的路径

(一)科学理念

推进高等职业教育现代化,重在理念、要在行动、贵在创新。教师教学创新团队建设是师资队伍建设的重要方面。首先要树立坚持党的领导、扎根中国大地办职业教育的理念。强化师德师风建设,把团队教师的思想政治教育和职业道德品质摆在首位。其次要树立遵循职业教育发展规律的理念。职业教育作为教育类型拥有具有独立的知识体系,产教融合是高校人才培养的主要方式,高校院高水平、结构化教师教学创新团队建设要根据类型教育自身发展特点和基本要求做出团队建设的总体规划。最后要树立立德树人、促进学生发展的理念。为国家经济发展培养高素质技术技能人才是高校价值取向,要根据技术技能人才培养的特点,开展人才培养模式、专业课程建设、模块化教学、人才评价机制等教育教学改革,促进学生发展。

(二)协同创新

"协同"是指将两个或者两个以上的不同资源或者个体进行协调,从而使其能协调一致地完成某一目标的过程或能力。高水平、结构化教师教学创新团队建设需要协同创新是职业教育的"跨界"教育特点决定的。教师教学创新团队建设要充分发挥团队教师之间协同，团队与企业、行业机构之间的协同，把产业、行业、企业的先进技术、优秀文化、产业发展等元素融入高校教育的各个环节，最大程度地推动教师教学创新团队发展。

教学创新团队的高水平取决于所有团队成员形成的合力。没有完美的个人，但有完美的团队，靠教师单打独斗的教育随着国家进入高质量发展的新时期已成为历史。高校教学团队一定要充分发挥团队成员结构化特点，发挥每位成员的优势和专长，建立互动合作的机制，形成一个相互合作又分工协作的教学共同体，发挥团队成员的协同作用。产教融合的人才培养模式需要学校与行业、企业的深度合作，产教融合型企业建设要求企业开展实质性校企合作，构建校企命运共同体，为教师教学创新团队与企业、行业协同创新提供了坚实的基础。要充分发挥行业、企业在高校教学改革中的协同创新作用，行业企业要深度参与人才培养方案制订与完善的全过程，切实参与到项目化课程与活页式教材建设、职业技能等级标准的制订、校内外实训基地建设、教学资源库建设等教育教学改革中去。

（三）团队文化

团队文化是指团队成员在相互合作的过程中，为实现各自的人生价值，并为完成团队共同目标而形成的一种文化。团队文化是教学创新团队构成要素之一，凝练富有特色的团队文化是教师教学创新团队可持续发展的关键。教师教学创新团队的生命力、创新的动力来自团队成员富有创造性的劳动。学校和团队都要塑造有利于激发团队成员主动性和积极性的文化，团队成员要积极营造团队文化，并渗透到教育教学的全过程，实现文化育人。

高校教师教学创新团队可以从以下三个方面凝练富有特色的团队文化。

一是体现产教融合的文化。结构化的教师教学创新团队成员中少不了来自合作企业的专兼职教师，团队建设需要整合学校、企业的各种资源，团队文化要将学校的校园文化与合作企业的企业文化相互交融合，形成的独特的教师教学创新团队文化。

二是弘扬工匠精神的文化。工匠精神是一种精益求精、力争极致的精神理念。教师教学创新团队建设中培育具有工匠精神的教师，对于建设高水平团队具有重要意义，同时对学生工匠精神的培养起到十分重要的作用。

三是体现专业特色的文化。教师教学创新团队一般都以专业为单位进行组建，不同专业对学生有不同的能力和素质要求，团队文化需要专业特色相融合。

第八章 高校青年教师队伍的发展方向

第一节 我国高校青年教师发展内容

一、培养教育情感

情感是对事物所持的主观及客观态度。情感和认知、意志一起共同构成人们的心理过程，三者的区别只是相对的，在实际生活中，它们相互联系、相互制约。情感是指人的意识有某种倾向性，对人的行为有发动和抑制的作用。教师的情感必须符合教育的要求。教师应当是一个热爱教育事业和学生的人，一个愉快从教的人，一个能从育人活动中体验到无穷乐趣的人，一个能主宰自己情绪的人。积极而稳定的情绪生活，既能促进教师的专业发展，又有益于学生健康成长；反之，则既令自己痛苦不堪，又给学生带来伤害。

（一）师爱的情感培养

热爱教育事业、热爱学生是教师职业道德的核心，它具有强大的教育力量。师爱是解决教育难题、打开学生心灵大门的钥匙，是使学生将教师要求自觉转化为自身行为的催化剂，是教师专业发展的动力之源。

1. 坚信师爱的巨大教育和发展力量

教育不仅是一项传授知识和讲解道理的活动，更是一项充满感情的活动。学生是理性的，也是感性的。同样的道理，不同的教师讲课同一门课程对学生的影响可能不同。这里除了讲道理的方式方法的可接受性存在差异外，更重要的原因是不同的教师跟学生的情感好坏和程度不一样。学生爱老师，就更可能相信他的话，更致力于学好他教的课，犯了错误就更有内疚感，因此，教师的要求很容易内化为学生的自我要求；反之，教师的话可能就成为耳边风，甚至导致学生故意跟教师对着干，这时教师的教育功能就丧失殆尽。学生对教师的爱源自于教师对学生的爱，没有真实情感的投入，一味强调"我是为了你好"是苍白无力的教育。

教师也是一个感性和理性兼容的人，教师专业的发展需要理性目标的导向和激励，更需要情感的激励和推动。一个充满师爱的教师，由于责任感和快乐的体验的驱使，就更善于发现专业发展中出现的种种问题，更有毅力克服专业发展过程中的诸多障碍，不断地提升自己的专业发展水平；反之，就可能疲于应付，心力交瘁，日复一日，难见长进。

2. 师爱要经受考验

在某些情境中萌发对某个人或某件事的爱，并使之保持一段时间，是一件极其自然和普遍的现象，但能否将这种爱维持、深化和升华，却是对一个人情商的考验。丰富多彩的教育活动，活泼可爱的学生，让新入道的教师"爱上"也许不难，但这种爱能否经得住时间和挫折的考验，并使之日益升温和强化，成为从事教育工作的主导情感，却是很多教师无法做到的。师爱的发展通常会经历自然——自觉——自发三个阶段。自然的师爱在遇到考验时难以持久。如当你看到付出的爱在一段时间没有收到预期的教育效果，甚至收获的是学生的对立和敌意时，你就可能怀疑爱的教育力量，甚至准备放弃它。实际上这里启迪我们，学生的转变和发展是需要时间、需要等待的，问题不是出现在爱上，恰恰可能是爱得不真、爱得不深，爱的表达需要进一步优化。意识到这一点，我们才能培养真正的爱、深沉的爱，学会师爱的正确表达，这就进入了师爱的自觉阶段。深厚而绵绵不绝的师爱，换来了学生的健康发展，而学生的健康发展，又反过来激发教师对学生的深深爱意，持久的良性循环后，师爱便发展到自发阶段。到了这一阶段，师爱对于教师而言，便是一个再自然不过的事了，不需要自我提醒，不需要刻意为之，随意而为的一言一行都渗透着深深的爱，体现着爱。

（二）体验教育的乐趣

善于从日常生活和本职工作中获得乐趣的能力是人的一种很重要的心理能力，它关系着个体一生的生活质量。某美国心理学家大学工作时，把自己的全部精力奉献给他所能发现的心理健康的个体的研究上，提出了著名的"自我实现者理论"。自我实现者是事业成功和心理健康高度统一的人。他总结了自我实现者的主要特征，其中重要的一条就是"他们呈现出一种永不衰退的欣赏力"。他这样描述道：自我实现者以敬畏、志趣和愉快的心情体验生活中的事。每一个婴儿，每一次黄昏，都像第一次见到时那么美妙，那么动人心弦。他们能从基本的日常生活经验中得到巨大的鼓舞和心醉神迷，因此他们从不对生活经历感到厌烦。自我实现者总是毫无例外地致力于他们认为重要的工作、任务、责任或职业。他们对工作感兴趣，工作干得津津有味，工作与玩乐之间的界限也就变得模糊了。对他们来说，工作是令人兴奋的、充满乐趣的，工作就是娱乐。正如一位哲人说的，在我们的生活和工作中，不是缺少美，而是缺少发现美的眼睛。我们只有善于在平凡的工作和普通的生活中寻找乐趣，才能找到不竭的快乐之源。

有些教师缺乏体验教育乐趣的能力，从而导致厌恶教育。从事教育工作是他们不得已而为之，教育对他们来说是一种痛苦、一种折磨。这种人视自己的教师角色、与学生打交道为烦恼之源。他们不仅工作鲜有业绩，而且生活中背负着沉重的情感包袱，对他们的身心健康造成极为不利的影响。

教师是一个充满快乐的职业。一个教师如果生在快乐之地却感受不到快乐，这不能不说他为师的境界需要提升，他的教育智慧需要补充。

（三）做好压力管理

压力是一个人处于威胁性刺激情境中，一时无法消除威胁、脱离困境的一种被压迫的感觉。一个人在生活和工作中难免承受压力，适时、适度的压力有益于身心健康，即所谓"无事"容易"生非"。但压力太大或压力虽然不是很大却长期持续存在，对身心健康的危害极大。累积的压力对人的生理、情绪、认知和行为都会带来不良影响。它会破坏情绪，使人变得忧郁、焦虑、失望、无助、沮丧、浮躁不安，容易动怒；它会降低认知效率，造成注意力狭隘，记忆力减退，思考僵化不能灵活变通，问题解决能力降低；它会阻碍心理功能的正常发挥，甚至形成异常行为。

由于当前校园问题日益严重，教育竞争日趋激烈，教师评价指标具体、繁杂等多方面的原因，教师体验着前所未有的压力。虽然青年教师是刚入道的新手，但在工作要求和工作量方面通常不亚于其他教师，甚至还承担着更多的任务。青年教师的工作能力与工作职责之间存在着较大的差异，他们面临着巨大的发展压力。青年教师要学会有效地应对压力，避免职业倦怠感的产生。

1. 有效调适压力的策略

（1）减少不必要的压力源。避免压力过大的方式之一就是懂得"量力而为"，也就是不让自己绷得太紧，不要凡事都揽到自己身上。还要对未来保持"合理的期待"，要评估自己的资源和条件，一步步实现自己的目标，而不是期望短时间内有大的改变。不要和别人比较。每个人的情况不一样，没比较的价值，要把比较点放在自己身上，努力每天有所进步。

（2）提高自我效能感。在相同的情境下，个人对自己所持的看法与信念不同，行为效果就不一样。自我效能感就是个人对自己获得成功所具有的信念，也即对个人能力的判断、对自己的信心程度。高自我效能感的人倾向于相信自己拥有的资源可以应对所需，当遇到有压力的事件时，会将其视为"挑战"，而不是"威胁"。事先认定自己不行，遇事惊慌失措，结果自然糟糕，更加坚信自己无能，形成恶性循环。当然，信心不是盲目的，能力不是凭空产生的，青年教师要在教育实践中不断提升自己解决教育问题的能力。

（3）学习有效的解压对应措施。从正向角度重估自己的认知与情绪状态，借由自我增强和调整认知、情绪状态以解决问题。一般而言，人们面对压力时的反应可以分为问题解决取向和情绪焦点取向。问题解决取向是将重点放在问题本身，先评估压力情境并采取适当措施来改变或避开压力，以有效和建设性的行为直接解决威胁的压力情境。情绪焦点取向则是个人在压力下的情绪，不直接处理产生压力的情境，而先改变自己的感觉、想法，专注于减少压力对情绪的冲击，主要目的在于使人感觉舒服一些，压力源并没有改变。哪种措施对个人最有效，需要以评估整体情形而定。如果一个人处在激动的状态下，也难有办法思考解决之道，可以先采用情绪焦点取向应对，先缓和情绪再进行下一步。然而一味地固着在情绪调整方面，问题可能更加恶化，使自己的情绪更为痛苦。因此，必须综合考虑主客观因素，合理应对。

（4）用积极的想法支配自己。视压力事件为"麻烦"不如视之为"锻炼机会"，视失败为"天降大任于斯人也"。用积极的态度处理问题会比消极情绪处理更有效果

（5）利用好时间。学会时间管理，该做的事情马上做。今日事，今日毕。拖拉只会使压力更大，压力作用的时间更持久。

（6）培养幽默感。在心理健康方面，幽默的创造或对幽默的欣赏，能释放人们内心的攻击与焦虑情绪，维持心理平衡，减轻抑郁症状。

（7）建立社会支持网络。社会支持网络是个体应对压力的外在资源，主要是指人际关系的支持与引导。青年教师要注意形成良好的教育人际关系和生活人际关系。

二、形成教育技能

教育技能是通过练习形成的熟练地帮助教师顺利地完成教育任务的活动方式。教育技能的掌握，能有效提高教师工作效率，使紧张的教育工作变得相对轻松，有助于教师将注意力更多地集中到教育创新上。基本教育技能的训练是青年教师专业发展的重要内容。这

里简要介绍青年教师必须掌握而职前培养相对忽略的教育技能。

（一）学习动机激发技能

有效的教育以激发学生的动机为前提。当前的教育问题，不是学生"不能学"，而是"不想学""不愿学""不乐学"。在教育需要较为强烈、教育供给相对不足的时代，教师多关注教的方面，对学生学习动机和兴趣的激发不做刻意的追求，看起来似乎对教育的影响不是太大，其实影响颇深。今天的教师如果依然如此，教育工作就必然难以展开，有的甚至连课都上不下去。一个教师如果不能掌握学生学习动机激发技能，其他的技能可能就没有用武之地。

1. 学习动机概述

在心理学中，学习被定义为由个体经验所引起的行为或行为潜能的相对持久的变化过程。这一定义的含义十分丰富，知识的获得、技能的形成、能力的发展、习惯的养成、价值观的确立、人格特质的定型等，都是学习所带来的结果。

学习动机是指个体发动、维持其学习活动并使其指向一定学习目标的内部动力。学习动机的心理结构主要包括需要和诱因两个因素。诱因是能够满足个体需要的客体、情境和条件。就两者的重要程度而言，需要是更为基本的因素。

学习动机有内部动机和外部动机之分。内部动机是由学习活动本身提供奖励所维持的动机。此时学习者的目的指向学习活动本身。典型的内部动机是兴趣、操纵的欲望。外部动机是由学习活动以外的情境提供的奖励所维持的动机。此时学习者指向学习活动以外的目的，典型的外部动机是赏罚。

也有人将学习动机分为亲和动机与成就动机。亲和动机是希望同社会中的人保持亲近关系的动机。如父母的喜爱、教师的赞许、同伴的羡慕等。成就动机是个人对于他认为有价值的工作愿意去做，并力求有所成就的动机。如认识到学习的意义，并希望通过学习来增进人生的价值。

2. 影响学习动机的因素

研究发现，学习动机受到以下因素的影响。

（1）强化经验。行为主义心理学研究表明，行为的后果决定行为的巩固或消退。在过去的学习经历中，个体的努力如果取得了他所期待的结果，如成绩的进步，父母、教师的表扬，他就倾向于以后更加努力。反之，个体的努力得不到成功体验的强化，得不到外界的承认和肯定，他就可能放弃。再如，学生若尝到学习中的投机行为的甜头，他就可能更多投机而更少努力；若尝到苦头，他就可能放弃侥幸心理而脚踏实地。

（2）需要层次。美国心理学家认为，人有五种由低级到高级排列的基本需要，分别是生理需要、安全需要、归属和爱的需要、尊重需要和自我实现的需要。不同的人，同一个人在不同时间，其优势需要可能不同。优势需要是动机决定的因素。学习目标的确立，学习内容的选择，学习过程中的情感体验和坚持性，都受到优势需要的制约。

（3）成就动机。从成就动机中区分出两种不同的倾向：追求成功的动机倾向与避免失败的动机倾向。追求成功的人喜欢选择有50%把握的、有一定风险的工作；避免失败的人倾向于回避有50%把握的工作。成就动机倾向不同的学生，在学习的自我要求、学习竞争的主动性、学习过程的创造性等方面表现不同。

（4）归因模式。归因是指个体对某一事件或行为结果的原因推断过程。归因影响个人期望的改变和情感反应。研究发现，个体往往具有相对固定的归因模式，有人习惯从自身找失败的原因，有人习惯从外部找失败的原因。学生对自己学业成败结局原因的推断的过程叫学业成败的归因。不同的学业成败归因模式，对学生学习动机会产生不同的影响。例如，将学业成败归因于自身努力的程度，通常会强化学习动机，归因于运气好坏，通常会弱化学习动机。

3. 激发学习动机的一般策略

综合各家观点，对如何帮助学生乐学、愿学，提出以下通用策略和原则：

（1）明确陈述学习目标和任务，使学生的学习行为具有清晰明确的方向感。

（2）增加学习内容的现实感，以学生熟悉的事例说明所要呈现的主题，使学生对学习的个人价值与社会价值获得切身的经验。

（3）提高学生的自我效能感，使学生对自己的学习能力有正确的认识，从而增强自信心。

（4）教师对每个学生都寄予积极的期待，以激励学生朝着教师所期待的方向努力。

（5）根据不同学生的实际情况，创造条件让每一位学生都获得成功。

（6）优化学生的学习成绩，学生喜欢的学科通常是他们学得好的学科，使学生对某学科有兴趣的最好方法莫过于把他教会。

（7）利用学习内容的新异性、悬疑性、差异性和不确定性，创设问题情境，引起学生认知冲突，激发学生好奇心。

（8）在可能的情况下，让学生独立发现新知识。

（9）采取直观的或学生参与活动等方式呈现教学内容。

（10）满足学生的基本需求，建立良好的师生、同伴的互动关系，提供一个安全、接纳、信任的教学环境，使学生在无防御的心态中作自由的探索。

（11）及时、充分地反馈学生的学习成果，使学生了解自己的学习情况，发现并及时改进自身存在的问题。

（12）适当借助于考试、竞争等外界压力激发学生的学习动机，但要避免过分强调同学之间的成绩比较，以降低焦虑感。

（13）合理运用奖罚，但要避免损害学生的学习兴趣及惩罚带来的负面效应。

（14）鼓励遭受挫折的学生，教会他们正确看待和应对挫折，在挫折中提高自己各方面的能力。

（15）教师要以身作则。教师的敬业精神有助于学生认识到学习的价值，教师在教学的过程中表现出来的强烈成就动机，会成为学生效仿的榜样，教师对学科的浓厚兴趣会强烈地感染到学生。

（16）给学生提供自由选择、主动反应的机会，培养学生自我成长的内部动力，使其成为学习的主人。

（二）师生沟通技能

沟通是形成良好师生关系的前提条件，没有沟通，便没有教育。不容回避的是，时下的师生沟通遭遇到了前所未有的困难。相互理解和尊重变少了，对立和责难增多了。决定师生沟通状况的关键一方是教师。学生放弃或抵制与教师沟通，大多数是因为在过去的师生沟通经历中，学生体验到过多的委屈或不满。客观上讲，没有一个教师不希望有一个好的师生沟通，更不会有教师有意去破坏师生沟通，实在是因为师生沟通较一般的沟通更难一些。

1. 立场不同

身在不同的位置，扮演不同的角色，看待问题和处理问题便会有差异。正如管理者和被管理者，虽然有着共同的利益和目标，但对具体事物的态度难免存在冲突。教师是教育者，学生是受教育者，教师与教师容易沟通，学生与学生容易沟通，因为他们有共同的立场，但教师与学生的立场不同，所以沟通起来相对有些困难。

2. 代际差异

代际差异俗称"代沟"，是指两代人由于成长的背景不同，在价值观和行为习惯方面会有差异甚至是冲突。教师与学生就年龄来说通常是两代人，即使是年轻教师，他们实际上也已成为上代人的化身，他们代表上代人教育下一代，循环着授权者的价值规范。两代人难免分歧多。教师是站在"代沟"的最前沿与下一代对话的人，这种交流通常受到代际差异的纷扰，社会变迁越是迅速，"代沟"形成的周期便越短暂，"代沟"越深，沟通便越困难。

（三）行为塑造技能

学生的行为问题是当今校园的普遍问题。矫治学生的不良行为，塑造学生的良好行为，是教师的重要任务。

1. 行为塑造的理论基础

行为塑造是行为主义学习理论的延伸和应用，是依据行为主义学习理论的基本原理，制定一定的程序来处理特定的行为，促使其产生某种变化的技术。自20世纪初的行为主义心理学产生以来，行为塑造技术得到了迅速发展，成为心理学应用的一个重要标志。行为塑造技术有一套规范的操作程序，对许多问题行为有明显的干预效果，是一项重要的教育技能。

2. 行为塑造的具体方法

行为主义论者认为，所有行为（正常的、异常的）都是学习的结果，不当行为是个体在过去经历中的不当强化或模仿造成的，革除不良行为要经历一个重新学习的过程。通过重新学习，用对刺激的适当反应来替代原有的不适当反应。

3. 行为塑造技能的训练

行为塑造的目标行为是有待处理的行为，或者说是努力使之发生变化的行为。目标行为可以是需要革除的不良行为，也可以是有待培养的良好行为。目标行为应该是客观的、可观察的和可测量的，不可模糊、笼统（如缺乏学习动机）。

选择目标行为时，还必须分析行为和环境因素的对应关系。明确问题行为是因为受到哪些背景线索的强化而习得的，在什么样的情境中会出现适应行为，以便于随后进行行为干预。

判断学生的某一行为是否确实属于问题行为，是行为矫正中极其重要而又常被忽视的问题。被某些家长、教师甚至是学生本身认定的"问题行为"，可能是一个很正常的行为，强行矫正会带来严重的不良后果。因此，我们应该客观、严谨地处理学生的行为（正常的、异常的）。

第二节 高校青年教师队伍职业发展现状分析

一、青年教师教学中存在的问题

大多数青年教师并非师范专业生，即使通过岗前培训，也未必具备教育学、教育心理学、学科教学论等相关的教育理论知识和教学技能，这就导致他们缺乏过硬的教学素养。除此之外，高校青年教师的学位一般是硕士和博士，一些青年教师取得博士学位后便投身工作岗位，一方面没有及时从学生的角色转变为教师的身份，另一方面因为工作起点较晚，缺乏工作经验。在入职前几年，青年教师因为科研与职称的压力，往往不能深入地钻研课堂教学。

（一）青年教师的语言表达能力有待提高

教师的语言表达能力是上好一堂课的关键因素之一，良好的语言表达能力不仅能向学生清晰地展现教学内容，更能体现青年教师的个人风采。在实际的课堂中，一些青年教师存在普通话不太标准、吐字不清楚、语速过快或过慢等问题。即便青年教师在课前作了充分的教学准备，但因为表达能力的欠缺，严重影响了课堂教学效果。当学生发现他们的授课教师不能够生动形象地表述某个概念、论述的观点词不达意、师生互动时缺乏沟通技巧，便很容易产生厌学的情绪，最终大大降低他们的学习积极性。这就需要青年教师提升自身的语言表达能力。

（二）青年教师教学方式比较单一

一些青年教师在授课时只重视知识的传授，忽视了对学生思维能力和智慧的培育。有些青年教师上课只是读 PPT 内容。高等教育要注重培养学生思辨的意识与创新的能力，而部分青年教师一开始上课，对教学内容还不太能熟练地表达，采取注入式的教学，可能会让学生成为接受知识的容器，学生只学会了如何模仿与记忆，无法调动自身的积极性。接受高等教育的学生有较强的适应能力与独立学习的能力，因此启发式教学更能够发挥他们的主观能动性，但青年教师未能采取此种教学方式。除此之外，部分青年教师可能忽视了对教学方法的探索与创新，使课堂教学过于刻板，缺乏丰富性。

（三）对教学内容的深度和广度把握不准

随着年级的上升，学生对教学内容的关注逐渐提升，部分青年教师对教学内容在深度、广度和前沿性上的把握可能不到位。未能将书本知识联系实际、缺乏案例分析、很少或几乎不把相关学科的前沿信息纳入课堂教学。本科生有着较强的求知欲与探索欲，而大学校园作为创新知识的发源地与传播地，应为学生创造良好的求学环境，可惜部分青年教师投身于自己的科研领域，未能把自己的学术成果转化为实用的教学资源。

（四）未能充分利用信息技术手段

学习科学与信息技术对教学专业发展而言不是扰乱传统教学的破坏者，而是大学教师提升自身教学专业能力的促进者与支持者。在相关调查中，学生认为有的青年教师并不能够很好地熟练使用多媒体辅助设备，呈现的电子课件在布局上也缺乏一定的条理性与层次性。理科的学生则认为，对于公式推导或者复杂的计算，青年教师应该选择传统的板书授课，让学生更易接受教师在手写过程中的步骤转换。一些青年教师认为信息技术仅仅是呈现教学内容、提升教学效果的手段，因此把电子课件作为首选，甚至是唯一的技术辅助形式，这显然是不够的。随着慕课的盛行，青年教师应该思考如何转变自己的教学形式，充分利用互联网的优质资源，探索更多的软件，做到线上教学与实体教学的完美结合。

（五）学生评价方式不尽合理

目前，一些青年教师偏向采用总结性评价的方式，即把期末考试的分数作为衡量学生学习效果的唯一标准。而学习是持续与渐进的过程，学生在学习过程中思辨能力、科研能力、团队合作能力的提高往往是分数无法呈现的。由此可见，教师要加强过程评价，应改善对学生的系统评价的方式方法，变成公平、多元化的过程性评价体系。

（六）与学生的课堂互动频率不高

课堂并不是教师的个人舞台，"一枝独秀式"的教学方式并不能充分调动学生的学习积极性。一些青年教师在参加工作之前的研究生阶段，以个人研究为主，因此在教学过程中很容易产生两种极端的现象。第一种，青年教师掌握了整节课的话语权，除了向学生讲述课本知识之外，还会叙述一些个人的经历，无意识地表达自己的过人之处；第二种，个别青年教师比较内向，完全照本宣科，把完成课程的定量目标作为教学初衷。以上两种都是学生反感的教学方式，缺乏师生互动的课堂，教师无法知晓学生是否掌握了教学内容，而学生也不能向教师表达他们的求学需求，这样的课堂势必是低效与低质量的。

二、提高青年教师教学能力的对策

(一) 加强语言表达能力的锻炼

大多数青年教师并不具备师范类院校教育的背景，所以缺乏较强的课堂表现力，具体表现在语言的组织与表达上。课堂是教师与学生直接交流的场所。教师的行为举止都被放大，这不免让缺乏教学经验的青年教师感到窘迫与紧张。青年教师需要提升自信心，在穿着上尽量选择大方得体的服饰。在课堂上面带微笑，与学生进行眼神交流，在和学生互动的时候，可以靠近学生，不必站在讲台前与学生产生距离感。说话的时候，不仅要带有感情，还要控制自己的语调、语速以及嗓音。青年教师可在工作之余留一些时间朗读文本材料，或者在空旷的教室模拟上课。语言表达能力是教师的专业基础，不容忽视。青年教师务必投入时间与精力不断提高这一能力。

(二) 积极探索多种教学方法

青年教师要转变传统的教学方法，由注入式教学转变为启发式教学。启发式教学在教与学的关系上，既肯定了教师的主导作用，又强调了学生是具有强烈主观能动性的行为主体。我国著名教育学家曾提出"教是为了不教"。教师是学生求学路上的引导者。这种引导是带领探索未知的领域，让学生在探索的过程中收获判断、感悟、反思、创新的能力，这恰好也是学生生存必不可少的条件。因此，青年教师在探索教学方法的时候需要将启发式教学作为指导原则。

1. 案例教学法

举例子是说明问题的一种手段，案例教学法就是以此为基础，扩充教材内容的教学方法。对于大学生群体来说，获得实践性知识比陈述性知识更为重要。教师通过列举案例组织学生共同学习与探究某个问题，为学生提供了理论联系实际的机会。青年教师在授课前要精心筛选与编写案例，案例一般以文字材料为基础，包括事例的内容和数据，既要保证案例的真实性，也要使案例具有吸引性。在授课的过程中，青年教师要将话语权留给学生，将学生分成若干组，引导学生以讨论的形式分析案例。在最终的评价环节，青年教师可以将学生的发言与教学内容相结合，也可以指导学生，让学生得到最后的结论。

2. 发现法

发现法也称"发现学习法"或"发现学习"，是学生运用教师提供的按发现过程编制的教材或材料"再发现"，以掌握知识并发展创造性思维与发现能力的一种教学模式或教学方法。采用发现法教学，需要青年教师具备较高的教学设计能力。青年教师在吃透教学内容的基础上，要努力找出新的知识与学生现有知识之间的关系，并将此作为引导学生发现问题的线索。而在学生探索新知识的过程中，青年教师要给学生必要的提示，防止学生偏离正确的方向，待学生解决问题之后，帮助学生将获得的知识进一步结构化、系统化地整合。

3. 情境教学法

情境教学法是帮助学生将无形的知识转换为能够在实际生活中灵活运用的技能的教学方法。青年教师可以结合学科背景将课堂转换为知识产出的某个真实的情境。在创设的情境中，学生不再是被动的接受者，而是展现知识的主角。这不仅增加了学生的知识储备，更提高了他们学以致用的能力。但因为情境教学法存在许多不可控因素，这就要求青年教师具备处理课堂突发状况的能力。青年教师在统筹全局的基础上，不能忽视细节问题，例如学生微小的动作、说话的语速、神态等。

（三）科研与教学有机统一

随着年级的上升，学生对教师教学内容的深度、广度以及前沿性都有了更高的要求。青年教师可以将研究的科研成果转变为教学的内容，让学生及时了解所学专业的前沿信息。优秀青年教师经过多年求学的历练，具备了很高的科研能力，因此青年教师也可向学生讲述自己在研究过程中的体会与经验，从而激发学生的探索欲。青年教师对低年级的学生以介绍科研信息为主，对高年级的学生则要侧重讲授研究方法，让他们参与科研项目，在研究过程中学习。通过与学生的共同探讨，青年教师一方面能够更加全面地了解学生，另一方面也能够基于学生看待问题的角度获得新的想法，从而实现师生的双向提升。

（四）合理利用信息技术手段

信息技术的快速发展促成了慕课、翻转课堂的出现，拓宽了学生学习知识的渠道。学生可以通过网络获取学习资源，自学相关课程，这就需要教师教学能力的重构。青年教师精力充沛、对新事物的接受与学习能力强，这便有利于他们很快适应信息化背景下的教学。青年教师要学习多媒体设备，除了熟练使用电子课件外，还要探索其他办公教学软件。青年教师要利用信息时代及时学习的特点，鼓励学生通过网络自学获得知识，但这并不是减少自身的教学任务，相反，青年教师需要了解学生现有的知识储备以及他们的学习心理，结合教学目标来编排教学内容，看哪些适合课堂着重讲解，哪些适合学生课后自学。而在学生自学的过程中，青年教师也应向学生提供高质量的线上资源，以免学生把时间浪费在搜集资料之中。

（五）确立公平、多元化的学生评价体系

青年教师应采取过程性评价方法，将学生平时的学习表现（小组合作项目、阶段性测验）与期末的测试构成最终的评价体系，并合理制订各部分的占分比例。此外，客观公正的评价方式也有利于教师验收教学效果，改进教学。青年教师在制订评价准则的时候，要与学生协商，而不是以绝对的权威者独占评价的主动权。例如，课堂的考勤方式是否需要严格执行，对待迟到与缺席的情况，怎样的奖惩形式既能起到警示学生的作用，又不会过于苛刻；课堂的发言和表现是否应该算入平时的学分；学生更倾向开卷测试还是闭卷测试，等等。青年教师要在与学生协商之后制定完善的评价细则，从而为教学活动提供民主、透明的环境，使学生的评价体系更加公平，具有多元化。。

（六）善于进行教学反思

教师的教学发展过程作为一种反思性的实践过程，目标高远，任务复杂，教师应坚持以学术取向的积累作为教学的实践智慧，把教学看作持之以恒的探索过程。首先，青年教师要正视自己。青年教师在学生时期虽然是同龄人中的佼佼者，但是踏入工作岗位后，因为缺乏教学经验，不免受到学生的质疑。面对负面评价的时候，青年教师要虚心接受，而不是一味地忽视与逃避。其次，青年教师要学会沟通。青年教师要多与学生交流，认真听取学生的意见，明白学生的需求，而不是一味地秉持着"让学生接受"的教学观念。最后，青年教师也要多与同事沟通，包括同龄的教师和资历较深的教师。这样不仅可以解决自己在教学方面的困惑，还可以吸取他人优秀的教学经验。为了更好地改进自身的教学水平，青年教师可以录下自己的课堂教学行为，通过课后的反复观看，思考忽视了哪些细节以及在教学中还有哪些难题可以突破。教学能力的发展是一个持续渐进的过程，一味模仿的青年教师不会有任何突破与长进，只有本着对自身负责的态度，善于用分析、批判的眼光看待自己的教学，才能在领悟教学实践的意义之后，形成属于自己的教学风格，最终使自己的教学能力有显著提升。

第三节　高校青年教师队伍的发展策略

一、创新高校管理机制

青年骨干人才队伍将成为高校未来的竞争核心。因此，高校必须创新用人机制，遵循"以人为本"的人力资源管理与开发理念。用人必先育人。首先，从高校内部发展机制入手，探索"训"（培训与发展）、"导"（指导与辅导）、"评"（发展性评价）、"助"（帮助与支持）的创新人才培养模式，以提高青年教师职业素养和业务水平，促进青年教师发展。其次，建立健全管理制度，构建青年教师职业发展制度保障体系，建立教学与科研发展机制，提高青年教师的教学与科研水平，促进教学发展和科研发展。最后，转变管理理念，逐步形成人性化、灵活的长效激励机制，增强青年教师对学校的认同感与归属感，从而达到青年教师与学校共同成长、共同发展的目的。

高校应根据教师发展理论，通过分析青年教师发展阶段以及各阶段的发展特征，全面、系统地建立高校青年教师的专业发展档案，制订培养方案。针对青年教师职前阶段到适应阶段（入职2年以内），合格阶段到成熟阶段（入职2~5年），成熟阶段到骨干阶段（入职5~10年）不同的发展特征，制订青年教师分阶段培训方案，指导青年教师职业发展规划，定期进行发展性评价以及有效的绩效管理，根据发展性评价的反馈推动青年教师职业发展。

（一）青年教师分阶段培训

1. 青年教师职前阶段到适应阶段的培训

入职两年以内的青年教师，经历职前到适应的发展阶段，此阶段教师教学虽然热情很高，但不了解教师这个职业，不了解校园文化和组织制度，不了解学生的特点，不了解基本的教学规律，缺乏基本的教学方法和技巧训练，不能立刻适应大学的教学工作。针对此阶段青年教师的特征，应主要采取岗前培训方式，设计培训计划。培训内容主要包括校园文化、院校制度、学生特点、教学特点、学校基本情况分析、教学伦理道德、教学方法、教学技巧、师生关系、同事人际交往与合作等。邀请高校相关部门负责人、教育教学专家、教学名师及专业岗前培训机构等多方参与，采取课堂授课、专题讲座与观摩互动的方式进行适应性发展阶段培训，使青年教师获得较为全面的职业能力，提高青年教师的课堂教学质量，使他们尽快转换角色，达到高校教师职业发展的要求，适应院校教学与发展的需要。

2. 青年教师适应阶段到成熟阶段的培训

入职 2~5 年的青年教师，处在合格到成熟的过渡阶段。根据相关的调查结果，入职 2~5 年的青年教师占院校教师总数的 64.3%，可见大部分青年教师处于这个发展阶段。经过入职岗前培训，青年教师对教师职业与院校组织制度有了一定的了解，对自身的职业规划有了一定的认识，但普遍存在着教学能力、课堂管理能力较弱，缺乏教学方法、教学技巧以及人际交往能力弱等问题。此阶段的青年教师迫切希望通过多种途径提升自身的工作能力，其发展途径可以通过校本培训来实现。

校本培训是指在教育专家或校外富有经验的教师的指导下，由学校发起、组织、规划，以提高教师教育教学和教育科研能力，促进学校发展为目标，通过教育教学和教育科研活动方式来培训学校教师的一种校内在职培训。在我国，校本培训的理念和实践越来越得到高校人力资源管理部门的认可与重视。校本培训不仅能满足学校科学发展的需求，同时也能满足每位教师个体发展的需求。学校培训教师的最终目标是解决本校教师专业发展和自身发展中存在的问题。校本培训实施过程包括培训方式的确定、培训内容的选择以及培训时间的协调安排等。高校的校本培训主要通过教师短期培训与在职进修来实现。短期培训主要包括专业专项培训、教师工作坊、下企业实践训练、学术会议交流及教师自我学习等；在职进修主要包括专业学历进修、做国内访问学者与国外访问学者等。高校采用的"导师制"就是校本培训的一种形式，"导师制"是高校校内以老带新，"师徒式"的青年教师培养方式。

3. 青年教师成熟阶段到骨干阶段的培训

经过 5 年以上的培训与发展，青年教师经历职业徘徊期后开始从成熟阶段向"骨干型"教师过渡，经过 10 年及以上的发展，部分青年教师将发展成为教学名师或学术专家。此阶段的青年教师已经熟练掌握了教学方法与技巧，具备了教学与科研能力，开始追求职业成就及自我价值实现。对高校而言，国内访问学者项目更是促进青年骨干教师快速成长的一个重要途径。高校应在进行校本培训的同时，制订青年教师培育的相关方案，分批选取骨干青年教师到国内外重点高校做访问学者，进行学术交流，以提高青年教师教学与科研水平。

（二）青年教师职业生涯发展规划

做好职业生涯发展规划是青年教师实现发展目标的前提。教师职业发展规划是指学校根据每位教师的自身情况、个体特征以及其所处的环境，对决定教师职业生涯发展的相关因素进行分析，为了学校科学发展和教师自身发展的双重需要，确定每位教师职业、事业发展的目标，设计出与教师发展相适应的行动目标计划。高校中每位青年教师的职业素质、业务能力、工作成就学历职称等因素随时间轨迹而发生着变化，这期间所出现的相应的心理体验与发展历程便是高校青年教师职业生涯规划。青年教师职业生涯规划的内容大体包括教师的职业道德和情操、专业技能水平、教学艺术、教学水准及学术高度等。

高校应如何帮助青年教师做好职业生涯发展规划？首先，分析青年教师发展阶段以及各阶段的发展特征，制订一套有关于青年教师职业生涯发展规划的指导教程，成立教师职业发展咨询中心。其次，开展对青年教师的座谈和问卷调研，详细了解高校青年教师发展各个阶段的情况，掌握青年教师对自身发展的需求和自身的期望，针对存在的问题进行科学指导，可邀请专家"一对一"咨询诊断指导，或举办与教师职业发展规划相关的专业讲座。如青年教师从成熟阶段向骨干阶段过渡时，开始出现倦怠和彷徨心理，存在发展目标不明确、发展后劲不足等问题，这时就要结合青年教师的个性特征进行个人职业规划指导，以激励手段为主，激发教师职业热情，稳定发展目标。最后，还需不断跟踪完善每一位青年教师的个性职业发展档案，根据需要修订规划，着力提升每一位青年教师的专业素养。

（三）青年教师发展性评价

高校可构建青年教师发展性评价体系，成立教师评估专家小组，对青年教师培训与青年教师发展进行评价。把青年教师每个阶段的发展性测评反馈情况记入青年教师发展档案，总结其优势与存在的问题，有针对性地制订解决青年教师职业发展相关问题的指导性计划和方案，形成青年教师发展性评价管理的良性循环，着力实现青年教师的可持续发展，努力增强青年教师的组织认同感。

二、提高管理水平

高校未来的竞争将是人才的竞争，高校应把青年教师的培养作为促进学校建设和科学发展的首要任务，根据高校青年教师职业发展状况及对多维影响因素的实证分析，提高高校本身的发展水平是实现青年教师自身发展、教学发展与科研发展的组织保证。因此，高校应根据各阶段教师发展需求提高管理水平，制订和完善教学管理制度、青年教师培养制度、薪酬福利制度、绩效考核制度、校园文化建设等制度，为每一位青年教师职业生涯的发展创建便利的条件，帮助每一位青年教师健康成长，增强青年教师的组织认同感与归属感。

（一）完善教学管理制度

依据每一位青年教师的专业发展档案，对教师进行分类管理，如教学型、科研型、教学与科研相结合型、教学与管理相结合型、社会服务型等。针对不同发展阶段不同发展类型的青年教师，设置适合的教学工作量，鼓励青年教师参与教科研项目研究。为了青年教师的职业发展，学院应着力提供正确的指导和政策上的支持，把新入职教师的岗前培训、校本培训和继续进修教育作为重要的任务来抓，从而形成了"入职前的培训—校本培训—在职提升学历"的系统化培养机制，帮助高校青年教师缩短实现个人职业发展目标的周期。

由于高校的青年教师毕业于各类不同的高校，受教育的形式不同，导致大部分青年教师对教育规律和方法缺乏了解，因此，传统的岗前培训对青年教师的发展所起的作用非常有限。高校应积极探索新晋青年教师岗前培训形式，如名师讲座、观摩学习、分组研讨、专家课堂教学演示、校内外交流等，以适应新时期下高等教育教学规律发展的需要，使青年教师在了解了系统的高等教育理论基础上，掌握高等学校的教学规律和程序，提升职业水平。同时，高校要多途径、多样化地开展校本培训，促进青年教师的职业成长；还可以共享公立高校资源，组织其与同类学科的专家和骨干教师开展丰富多彩的教学经验交流活动，通过观看教学示范，让青年教师在观摩中成长。此外，紧密围绕高校培养应用型人才为主的办学定位，通过产、学、研相结合的方式，建立与企事业单位的联系，选派青年教师到企事业单位实践学习，锻炼教师的实践能力，使之在教学中切实做到理论与实践相结合，满足学生的学习需求；创造有利的物质条件，培养骨干青年教师队伍和教学专家型教师，选拔优秀青年骨干教师作为国内及国外访问学者；定期开展教研室教师之间的交流活动，促进青年教师个人综合素质的提高；科学制订高校青年教师在职提升学历制度，为青年教师在职学历进修创造一定的条件，满足青年教师在提高学历、专业技能和教学水平上的需求。

（二）健全薪酬福利管理制度

根据相关理论下在职教师发展阶段理论不难发现，教师在不同阶段的特征和行为取向各不相同，高校要充分考虑青年教师的需求差异和动态变化，根据青年教师的职业特点制订薪酬福利管理制度。

以人为本、突出薪酬福利体系具有设计的人性化与灵活性。根据青年教师的岗位特点，实行人员分类管理制度，建立不同贡献类型的绩效工资制度，建立一套兼顾岗位、突出业绩与个人能力的薪酬制度。

优化工资结构，依照国家相关薪酬管理政策，在基本工资的基础上提高岗位津贴与绩效津贴的比例，突出绩效，充分发挥薪酬激励的作用。实现工资差异化，提高组织绩效水平。打破传统的同岗同酬的观念，实行同岗不同酬的差异化的工资体系，拉开同一岗位上不同专业、不同工作量、不同工作质量的青年教师岗位工资的差距。

制订人性化的福利制度，满足青年教师不同情况、不同层次的需求。大部分青年教师刚刚工作，生活压力还比较大，科学合理的薪酬激励机制不仅可以缓解他们的经济压力，也能使他们把更多的精力投入到教学工作中。根据需求层次理论，青年教师的发展需求是多元的，物质需求只是其中一元，他们还有情感、归属、成就、发展等多种需求。高校应了解不同阶段青年教师的心理需求分析各个阶段的特征，从多方面给予青年教师激励。比如，结合青年教师自身发展需求，对青年教师在职进修或提高学历的过程中给予经济支持；选派优秀的青年教师参加国内外的高水平教学交流活动；适当为青年教师提供科研立项机会，配备科研设备和经费，或通过设立学术专项基金，奖励取得突出教学成果和科研成就的青年教师。此外，高校管理者还要多多关心青年教师的生活，建立相关机制，帮助他们解决生活实际困难，给予他们充分的理解、足够的尊重与充分的信任，增强青年教师的被认同感。作为高校的管理者，应通过情感关怀使青年教师产生归属感，与青年教师建立充分信任的良好关系，从而使青年教师增强组织认同感。

（三）建立合理绩效考核制度

高校青年教师绩效与学校组织绩效密切相关，也与青年教师的切身利益和个人发展前途密切相关。由此可见，高校应结合自身办学特点，着眼于青年教师各发展阶段的发展性特征，建立一套与学校师资队伍建设目标相一致的动态的绩效评价体系。绩效评价导向要坚持以青年教师的全面发展为目标，学校在绩效评价指标的设置上，不仅要以教师考核体系为基本依据，更应把握教师和学校的未来发展方向着眼为青年教师的发展提供职业成长建议。绩效评价方式应该多元化，着力将青年教师纳入评价的主体，建立青年教师、其他教职员工、学生、督导专家、领导共同参与的全方位测评的评价体系。绩效评价指标应有所侧重，作为教学型高校，高校对青年教师的职业素质、专业基础知识、教育教学技能和方法的要求较高，鉴于此，高校应该把这些因素作为核心评价指标评价青年教师。对青年教师的科研潜能进行综合考虑，激发他们的科研热情，使他们提高教育教学质量。绩效评价的结果要及时反馈给青年教师，青年教师要根据评价结果进行整改和反思，做出正确的自我评价，形成良性循环。

（四）校园文化建设

建设高校校园文化，增强青年教师的组织认同感。校园文化是高校赖以生存的根基和发展的血脉，是区别于其他高校的重要特征和鉴别标志。作为新兴的高等教育模式，高校迫切需要构建一种校园文化体系，以促进发展、提高竞争力。高校校园文化应是由制度、物质、精神所组成的一个有机的整体，应把校园物质文化、精神文化和制度文化三个方面的内容相互关联、协调整合。高校校园文化建设应以和谐校园建设为出发点，促进学校全面协调可持续发展；应以社会主义核心价值观为核心，满足学生接受高质量教育的需要；应以加强制度文化建设为基础，以教师为主导，以学生为主体，满足青年教师成长的需要。

三、完善管理制度

长效的激励机制是青年教师发展的内在动力。加强青年教师培育、促进青年教师发展，还需要构建长效激励机制，形成能上能下、能进能出的激励机制和积极进取、爱岗敬业的培养机制，为青年教师创造良好的生活、工作环境。高校应坚持以"人才强校"为目标，运用"以人为本"的管理理念，实行人性化的管理，关爱教师、服务学生，及时解决青年教师在教书育人中遇到的困难与问题，提高青年教师的归属感，改善其教学服务态度。

（一）坚持"以人为本"的管理理念

高校管理者应转变管理理念，关注与重视青年教师的发展，充分掌握现代管理方法，促进高校与青年教师共同发展。高校领导要关心和了解青年教师的生活与工作，帮助青年教师解决生活和职业发展过程中遇到的困惑与困难，指导他们制订科学的职业发展规划，最终形成教师与学生之间、教师之间、教师与高校之间互助且共同发展的关系。

（二）建立公平的人才竞争机制

建立公平、公正、公开的竞争选拔机制，对教学效果较好、科研成就突出的青年教师给予重点培养和扶持，坚持公开竞争的原则，营造公平、公正、公开的良性竞争环境，为青年教师打造良性的竞争氛围，培养他们参与竞争的意识，为他们创造参与竞争的机会，促进他们快速成长；定期举办教学竞赛活动，通过青年教师之间的教学比赛，形成刻苦钻研教学科研的良好教风；指导青年教师参与教学与科研，建立科学合理的制度，帮助成绩突出、贡献较大的优秀青年教师参与科研，提拔他们成为学术骨干和学科带头人。

（三）形成长效激励机制

根据高校青年教师的发展特征，对教师岗位进行科学合理的分类管理，健全高校教师岗位聘任制度，构建适应高校青年教师职业生涯发展性动态评价体系，依据管理岗位类型与特点以及教师各阶段发展性绩效评价，确保薪酬管理和人才培养与选拔方案设置的科学性和合理性，逐步形成青年教师发展长效激励机制，增强教师内在发展动力。

四、建立持续性的青年教师培训制度

（一）提高对教师培训发展的重视

当前形势下高校需高度重视教师培训工作，加大对相关培训规章的宣传力度，加强培训工作，使学校的人力与物力的配置达到最佳，且获得资本增值，进而实现学校更快更好地可持续发展。

（二）建立规范的培训机制

省教育厅设立有专门的高校教师培训机构，对省属高校、高校培训工作进行宏观调控，为教师培训提供信息支持，并对所开展的培训工作进行全程监督和评估，力求教师培训工作经常化、制度化、规范化，切实保障省属高校和高校教师培训的权利，保证教师培训质量。加速健全教师培训的规章、制度和措施，为教师培训提供各种必要的条件和保障。教师培训不同于其他学习，其有效的运转要靠有效的组织管理的参与。应根据不同发展阶段、不同层次教师的培训需求制订有计划、有目的、有重点的长期性的阶梯式教师培训方案，并制订切实可行的培训措施。另外要建立规范的组织机构和管理体制，由专门人员从事师资培训管理工作，保障教师培训工作的有效开展。

（三）建立合理的保障体系

第一，加大经费投入。培训经费是培训工作的物质保障，合理而有效的经费投入是成功组织教师培训的重要条件。高校应根据自身的发展需要，改变单一的培训经费投入方式。首先，要将培训经费单列，制订经费投入计划，每年将一定比例的经费用于教师培训。其次，要多渠道筹集教师培训经费，积极争取来自社会的专项捐款，使培训得以有序开展。最后，教师个人也要增加自身接受教育培训经费的投入。

第二，采取多种有效措施支持教师培训进修。首先，各学院应合理安排教师个人的教学计划，使广大教师有充足的时间进修培训，实现自我增值。其次，学校应为参加进修培训的教师减免工作量，将培训成绩纳入职称评定、绩效考核。

（四）开展多种形式的教师培训

第一，积极开展校本培训。开展校本培训的优势在于，一是培训从学校的实际出发，可充分挖掘和利用学校的各种资源，培训较灵活；二是能较好体现培训的针对性和时效性，培训氛围较好，适用群体广泛。

第二，鼓励支持教师参加校外培训。校外进修培训的优势在于，目标明确、形式规范、效果明显。但其投入较多，所以在鼓励教师参加校外各种形式的培训时需要注意：一是选派参加培训的教师时要做到公开、公平、公正,以免挫伤教师的积极性和主动性;二是开展校外培训的形式可以多样化,如学历学位进修、企业实践学习、高级研修班、短训班、学术交流研讨会、专题讲座等,力求提高教师的学历层次和整体素质。

第三,支持教师参加高水平的培训。选派教师到国内外高校做访问学者,参加高级研讨班,为学校培养高层次人才,使教师拓宽视野,提高学术能力。

第四,建立健全的"双师双能"型教师培训机制。作为一所应用型本科高校,其任职教师既要有较强的专业理论知识,又要有较高的实践技能。这就要求学校健全"双师双能"型教师培训机制,拓宽教师进企业的渠道,有计划地选派教师到工厂、企事业单位进行实践锻炼,切实增强教师的实践操作技能。

(五)改进现有培训工作

第一,加强校本培训。可将教师校本培训分为新教师培训、助教培训、教学骨干培训三个层次;将管理人员分为科员、科级、中层领导干部三个层次多维度地开展培训工作。以各学院和职能部门为依托,培养一支自有的高水平培训师资队伍,为启动服务外包工作做准备。对于大规模的校本培训,需强化培训课堂考勤。以往培训,教师迟到、早退、缺勤现象明显,针对这一问题,建议实施微信二维码扫描考勤。在课堂开始和结束时各扫码一次。微信二维码实时变动,到点自动关闭,可以有效遏制迟到、代签到、早退等问题。年出勤率达到98%以上的学院及部门在年终考核时给予适当加分,年出勤率低于80%的学院及部门扣除相应分数。

第二,参加校外培训。参加校外培训的教师,如参加高级研修班、短训班、学术交流、研讨会、专题讲座等,在培训结束后需组织专业范围内的分享会,将培训的心得与体会与同专业的教师分享,并提交书面材料以备案。在年终考核中给主持校级、院级、系级分享会的教师不同分值的加分或将教师主持分享会的活动折算为教师教学工作量。

第三,减免工作量。根据学校规定,相应减免参加选派国内外访问学者项目的教师的工作量。

第四,规范教师企业实践工作日志,加强对教师下企业参加实践工作的监督。目前教师企业实践提交的日志及总结版本格式不尽相同,填写的内容也不尽如人意,建议制订规范的日志规范和考核标准,明确要求报告的篇数和字数,强化企业方的考核和考勤意见。年终以学院为单位对教师企业实践工作进行考核,按参加企业实践教师的考核平均分计,平均分达到60分为合格。对企业实践考核分数达到90分以上的教师在个人考核时应适当给予加分,同时,将个人企业实践考核分数作为教师申请"双师双能"型教师的重要依据。

第五,建设网络自主学习平台,供教师学习使用,并配套相关的考核制度。考核成绩计入教师个人年终考核。

（六）其他形式的培训

第一，教师成功申请各类教学科研项目，成功申报专利或指导学生技能竞赛获奖后，由学院组织专题经验分享会，分享其成功经验，帮助青年教师快速提升专业能力。

第二，进一步落实青年教师导师制，并制定相应考核制度。指导青年教师取得合格成绩后，导师工作可折算教师教学工作量。

第三，积极开展小组式教学沙龙或教学午餐会，对特定论题进行探讨。教学沙龙按校本培训方式进行考勤和考核。教师主持教学沙龙学时长可计入教师教学工作量。

第四，定期组织新教师进行课堂观摩，观摩后教师提交学习心得报告，将学习成果计入年终培训考核分数。

第五，制订新员工手册，组织新员工学习并对其进行考核，考核不合格暂缓通过试用期。

第六，运行微信公众号，用以发布培训活动通知，宣传培训成果。

第七，积极探索教师培训工作的学分制，对培训工作进行积分式考核。

教师培训是一项涉及全体教师的制度化的人力资源管理活动，是一项需要精心策划的系统工程，培训必须服务于组织发展的战略目标，如学校的人才培养目标、学科建设规划、课程设置等，同时要满足个人的职业发展目标，教师的角色适应需要，教师的专业知识提升等。因此只有建立系统的培训方案，才能有效地推动高校人才培养战略的实施。

参考文献

[1] 黄裕花，董晓. 教师文化素养与师资队伍建设 [M]. 长春：吉林文史出版社，2021.

[2] 郝庆波，张晓楠. 数据时代高校教师教学能力提升策略研究 [M]. 长春：吉林人民出版社，2020.

[3] 李晋. 高校教师队伍建设与管理模式探究 [M]. 长春：吉林大学出版社，2022.

[4] 朱笑荣. 高校教师教学改革创新与发展研究 [M]. 长春：吉林大学出版社，2021.

[5] 李臻. 新时代高校教师胜任力研究 新时代高校教师师德师能双提升发展机制研究 [M]. 北京：旅游教育出版社，2020.

[6] 王琪，任君庆. 高校教师专业发展研究 [M]. 杭州：浙江大学出版社，2019.

[7] 庞桥. 高校教师师德修养读本 [M]. 西安：西北大学出版社，2020.

[8] 蒙有华. 新时代背景下的高校教师队伍建设的探索与实践 [M]. 长春：吉林出版集团股份有限公司，2022.

[9] 朱松华，张颖. 高校师资队伍建设与教育质量管理创新 [M]. 长春：吉林出版集团股份有限公司，2022.

[10] 谢永红，黄月初. 研究型教师专业发展理论与校本实践研究 [M]. 长沙：湖南师范大学出版社，2021.

[11] 李国成，向燕玲. 高校教师专业发展与教学创新团队建设研究 [M]. 杭州：浙江工商大学出版社，2022.

[12] 刘美云. 民办高校青年教师发展问题研究 [M]. 武汉：武汉大学出版社，2019.

[13] 朱洪翠. 行动研究与教师专业发展 [M]. 北京：中国轻工业出版社，

[14] 胡立卫，李辉，邓林. 高校教师教学能力提升策略研究 [M]. 长春：吉林出版集团股份有限公司，2022.

[15] 陈卓. 现代高校教师教学能力提升策略研究 [M]. 北京：中国纺织出版社，2022.

[16] 齐书宇. 新时代高校教师管理问题研究 [M]. 北京：知识产权出版社，2022.

[17] 杨道建.新时代高校三全育人理论与实践[M].镇江：江苏大学出版社,2021.

[18] 龙辉明.双高建设背景下高校"双师型"教师队伍建设研究[M].合肥：合肥工业大学出版社,2020.

[19] 黄立.产教融合背景下高校"双师型"教师团队建设研究[M].长春:吉林人民出版社,2020.

[20] 周烈.高校教学与治理的探索实践[M].北京：旅游教育出版社,2021.

[21] 杜思民,崔志勇.教师文化与高校教师专业发展研究[M].开封：河南大学出版社,2021.

[22] 齐书宇.新时代高校教师管理问题研究[M].北京：知识产权出版社,2022.

[23] 郭名,廖赣丽.高校青年教师职业成功研究[M].北京：北京交通大学出版社,2020.